빛깔있는 책들 ●●●

272

청 평 사

글·사진 | 윤영활

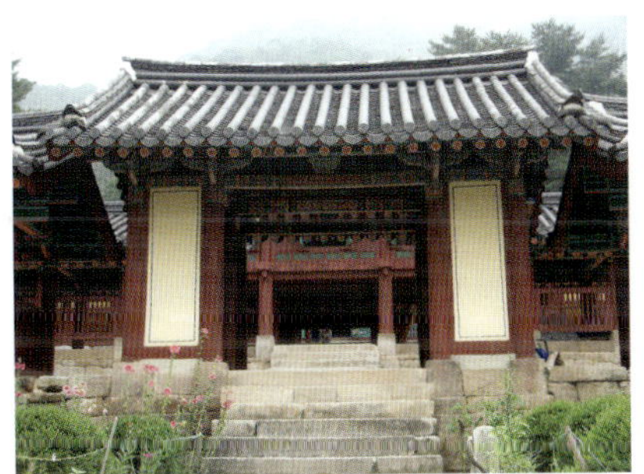

대원사

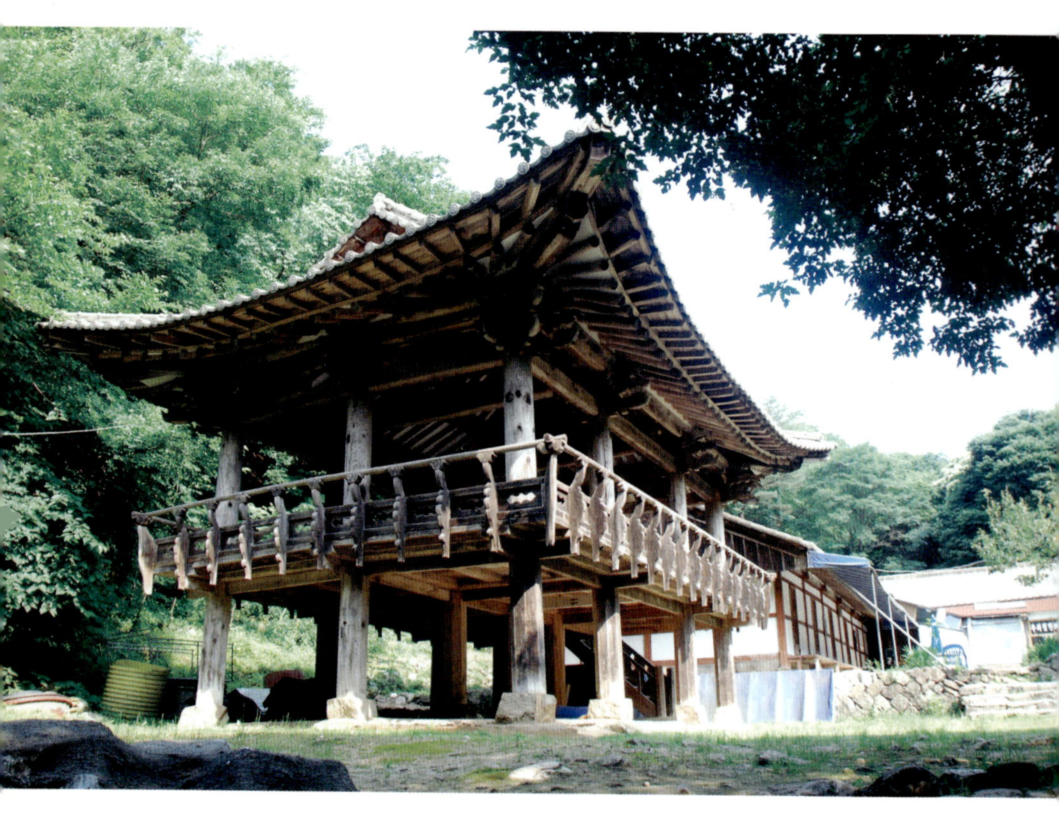

청평사

저자 소개

글·사진 | **윤 영 활**

고려대학교 대학원(석사), 강원대학교 대학원(박사)을 수료하고 강원대학교 조경학 전공 교수로 재직
중이다. 한국전통조경학회 부회장, 강원도 문화재 전문위원, 강원도 도립공원위원회 위원을 역임하
였다. 현재 한국전통조경학회 고문, 춘천시 건축위원회 위원으로 있다.

저서로는 『동양조경사』(공저), 『조경사전』(공저) 등이 있고 전통복원설계로 「대구향교 복원 기본 설
계」(공동), 「낙산사 관음지 조경설계」 등이 있다. 청평사 관련 7편의 논문을 발표하였으며 이중 「청평
사 선원의 고문헌적 고증연구(1)」은 2006년도 「한국전통조경학회」 우수논문상에 선정되었다. 이 책
은 청평사의 역사 문화적 형성과정과 발달문화를 전반적이고 체계적으로 정리한 종합서이다.

차 례

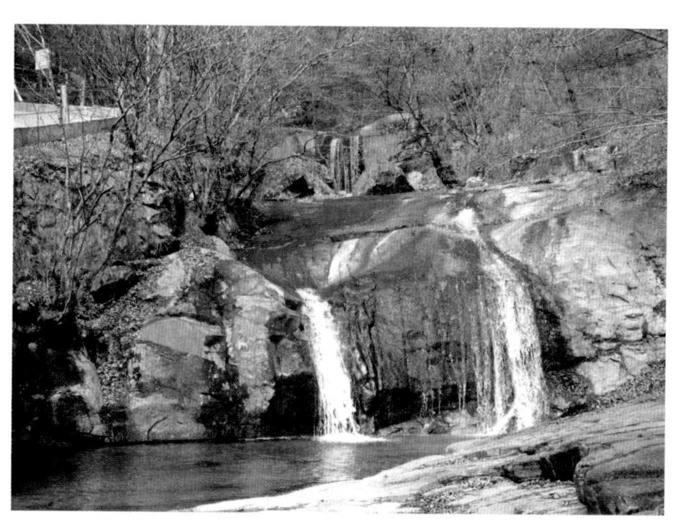

머리말

우리 민족은 자연을 숭상하고 자연의 순리에 순응하며 살아왔다. 자연에 인위적 행위를 할 때는 매우 조심스러워 하면서 인공을 자연 속으로 동화시키는 지혜를 보여왔다.

청평사는 우리 선조들이 얼마나 자연을 애호하고 소중하게 여긴 자연동화적 공간인지를 역사적으로 역력하게 보여주는 실천적 사례를 지닌 선원禪園이다.

고려 초 백암선원에서 출발한 청평사는 고려 중기에 당대 최고의 권문세도가였던 진락공 이자현이 청평골에 들어와 참선과 수도에 일생을 바친 선장禪場으로 유명해졌다. 조선시대에 들어서는 보우대사의 입산으로 청평사가 대사찰로 거듭나면서 조선의 중심사찰로 각광받는 계기가 되었다.

청평사가 예로부터 전국적인 명소로 널리 알려진 것은 이와 같이 역사적 인물이 남긴 족적뿐만 아니라 청평사 일대의 빼어난 산수경관과 그 속에 광범위하게 걸쳐 발달한 선원이 자연 속에 그대로 동화되어 더욱 아름다움을 빛내기 때문이다.

청평사는 이자현과 보우 때 번성했던 선원의 모습을 계속 유지하기가 어려웠다. 선원은 쇠락을 거듭하면서 훼손되거나 소멸된 채 현대로 흘러와 옛 청평사의 찬란했던 역사와 경관문화는 묻힌 채 세인의 관심에서 멀어졌다. 1970년대부터 경내를 비롯해 일부 경외 시설이 복원되기 시작하여 절의 형태가 갖추어지면서 경외에 발달했던 선원에도 관심을 갖게 되었다. 특히 1980년 초에 경외에 있는 영지가 고려시대의 원형을 지닌 전통연못이라는 학술적 평가가 널리 알려지면서 경관사적 관심도 높아지게 되었다.

1980년대 중반에 춘성군의 「청평사 실측조사」를 계기로 청평사 전 영역에 대한 학술조사가 수행되어 어느 정도 윤곽이 드러났다. 그러나 기초적 지표 유적조사에 그쳤으며 그 직후 국립 문화재연구소의 「청평사 영지 및 능인전지 발굴조사」에서도 지표 유구에만 의존한 결과 영지의 형태 및 기능적 구조 등이 제대로 밝혀지지 못한 채 복원되었다.

이러한 지표 유적 위주의 일부 조사와 선원 전반에 대한 연구가 별로 진전을 보지 못해 청평사의 선원문화는 역사적 본질에서 멀어져 그 역사적 정체성을 제대로 알리지 못했다.

이제까지 청평사는 경내 위주로 복원되었기 때문에 고려 중기 문수원을 시작으로 경외에 걸쳐 방대하게 조성되었던 유서 깊은 유적들은 그 역사적 실체가 확인되지 못한 채 산중에 묻혀 일반 등산객들이 즐겨 찾는 곳으로 인식되어 왔다.

2000년대에 들어 저자는 4년여에 걸쳐 청평사의 역사적 발달과정과 선원의 경관문화에 관심을 갖고 고문헌을 중심으로 연구를 시작했다. 그 결과 청평사에는 우리 선조들이 얼마나 산수를 소중게 여기고 지혜롭게 대해 왔는지를 보여주는 한국의 전통 자연관과 우수한 원림문화가 발달되어왔음을 고증에 의해 밝혀냈고, 유적현장을 찾아 그 결과를 여러 편의 논문을 통해 발표한 바 있다.

이러한 연구성과를 종합한 결과 청평사는 역사적으로 그 지형적 특성에 따라 공간적 기능과 경관적 특징이 세부구역별로 잘 발달되어 왔음을 확인할 수 있었다.

많은 저명 승려와 문인 묵객들이 역사적 인물들의 족적과 빼어난 산수경관의 명성을 듣고 청평사를 다녀갔다. 산수와 어우러져 조화를 이룬 아름다운 선원의 모습에 감탄한 문장가들이 이를 보고 느낀 감정을 시에 담거나 기행문 등에서 실경적으로 상세하게 묘사하고 있다.

이 책은 당시 선인들이 청평사 원림 곳곳을 돌아보면서 체험하고 느낀 글들을 바로 그 현장 유적에 그대로 옮겨 사진과 함께 해설해 놓음으로써 역사적 생동감과 공간적 현장감을 느낄 수 있도록 구성하였다. 그리고 청평사 내 지형지불에는 옛 부터 부르던 각기 그 명칭들이 있었다. 이 잊혔던 옛 이름들을 찾아주고 잘못 알려진 것은 옛 명으로 고쳐 명기해 놓았다.

저자는 문헌상에서 발견된 역사 유적의 흔적을 현장에서 찾고 확인될 때마다 느꼈던 기쁨과 흥분된 그 순간들이 아직도 생생하다. 이 한 권의 책에서 청평사의 유구한 역사와 인문환경의 발달문화를 충분히 소개하기에는 아직도 미흡한 점이 남아 있다고 본다. 앞으로 제현들의 아낌없는 비평과 조언을 바란다.

끝으로 이 책을 발간하는 데 문헌자료와 고증에 도움을 준 김홍삼 박사와 유적 현장을 속속히 누비며 발굴과 사진 촬영을 도와준 한재오, 김용현 조교 그리고 식생자료에 도움을 준 박완근 교수와 한준수 대학원생, 이밖에 김정호 기자와 신미령 선생님께 감사를 드린다.

청평사의 연혁

청평사는 기록상 춘천지역에서 가장 오래된 사찰로 고구려 아도화상阿道和尙이 신라로 가는 도중에 창건하였고, 당나라 평양공주가 신라 선덕여왕 때 중건하였다는 전설적 설화도 있으나 이는 연기설화에 불과하다. 청평사의 믿을 만한 창건 역사는 이자현 사후 5년에 지은 「문수원기」에 고려 광종 24년(973) 중국 후당 승려 영현永玄선사가 백암선원白巖禪院을 세웠다는 창건 관련 기록에서 찾을 수 있다. 백암선원은 얼마 뒤 폐사가 되었고, 그후 문종 23년(1069) 춘주도감창사春州道監倉使로 부임한 이의李顗가 경운산의 빼어난 경치에 반해 백암선원의 옛터에 절을 짓고 보현원普賢院이라고 바꾸어 불렀다. 그러나 이 절이 현재와 같은 규모의 선원 형태를 갖추기 시작한 것은 이의의 아들 이자현李資賢이 고려 선종 6년(1089)에 문수보살의 감응을 받아 선원의 이름을 문수원文殊院이라 고치고 산명도 경운산慶雲山을 청평산이라 고쳐 부르면서부터이다. 이자현이 인종仁宗 3년(1125)에 입적하자 사후 5년 후인 인종 8년(1130)에 탄연坦然 등이 이자현의 공적을 기려 비를 세웠는데, 이 비가 '청평산문수원기비淸平山文殊院記碑' 이다. 고려 말에 와서 충숙왕 14년(1327) 원나라 태정제의 즉위 시에 김이金怡 등이 원나라에서 가지고 온 대장경을 문수사(문수원)에

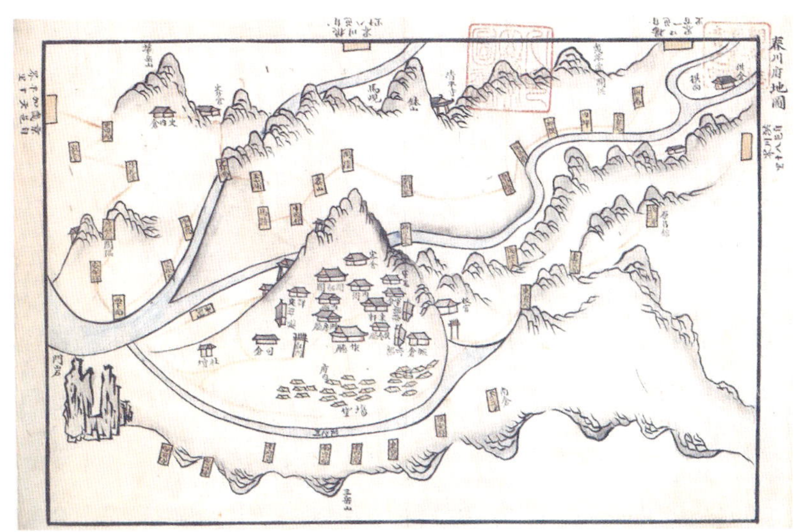

춘천부지도春川府地圖 조선 고종 8년(1872)에 제작된 군郡·현縣·진津 지도로, 봉의산 뒤로 흐르는 소양강 물길을 따라 서북쪽에 청평사가 위치해 있다.

부관된 사실을 기념하고 언니리 청대자의 황자 탄신을 기복하고자 절 마당에 비를 세웠는데 이 비가 '청평산문수사시장경비淸平山文殊寺施藏經碑'이다.

그후 조선에 들어 세조 12년(1466)에 매월당 김시습이 산중에 세향원細香院을 세우고 은둔생활을 하였다. 명종 12년(1557)에 보우普雨대사가 경내 불사를 새로 세우고 경외의 영지 등을 개축하는 등 청평사 경내·외를 크게 중건하여 대사찰로서의 면모를 갖추면서 절 이름도 문수사(문수원)에서 청평사로 개칭하였다. 문수원이란 명칭은 개칭한 직후부터 문수사로도 같이 사용되었으며 조선 후기까지도 청평사와 혼용해 부르기도 하였다.

조선 숙종 37년(1711)에 이르러 환성喚惺 지안志安 대사가 청평사를 다시 중창하면서 영지도 수리, 복원하였다. 철종 12년(1861)에 경내 능인전(대웅전)이

화재로 소실되고 그 다음해 이 자리에 요사를 세웠으나 고종 17년(1880)에 또 불에 타 그해 다시 요사를 중건하였다. 1912년에 청평사는 유점사楡岾寺의 말사로 편입되었으며, 일제강점기 때에는 1936년부터 2년에 걸쳐 극락전 및 회전문에 대한 보수가 있었다.

해방 직후 1947년에 극락전 마저 화재로 소실되어 경내는 회전문만 남아 청평사는 거의 폐허의 사지寺址로 변했고, 경외에 조성되었던 많은 암자, 정자 등의 시설들은 대부분 일찍이 유실된 채 오랫동안 방치되었다.

1977년 경내 극락전 및 삼성각의 복원을 시작으로 1978년에는 서천에 해탈문과 선동에 5층석탑이 새로 건립되었고, 식암息庵 터에 적멸보궁이 복원되었다. 1984년 경내 서편에 요사가 새로 들어섰고, 경외 영지 아래 청평선방(고려산장) 및 청평루도 새로 지었으며 1986년에는 영지를 복원하였다. 1989년 능인전 터에 대웅전을 세웠고, 2000년에 향적전과 사성전, 구광전 터에 관음전과 나한전, 그리고 2002년 원해문과 강선루 터에 행각과 경운루를 세웠다. 2008년 경내 제1단 마당에 '문수원기복원비' 가 새로 세워졌다.

사찰 경내는 대부분 복원이 완료되었으나 절 밖 청평산 일대에 배치, 조성되었던 많은 선원의 공간 시설들은 식암 및 영지가 복원되었을 뿐 대부분 빈 터로 남아 있다.

청평사 내 지정문화재로는 1973년 회전문이 국가지정문화재 보물 제164호, 이어서 1974년에 3층석탑이 강원도 문화재자료 제8호로 지정되었다. 1984년에는 43,098m²의 청평사지가 강원도 기념물 제55호로 지정되었다.

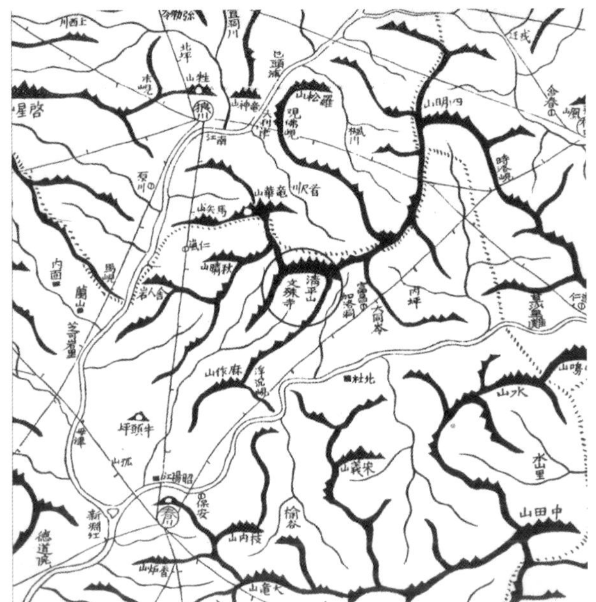

김정호의 대동여지도(1861) 조선시대에 와서도 청평사를 문수사로 부르고 있다.

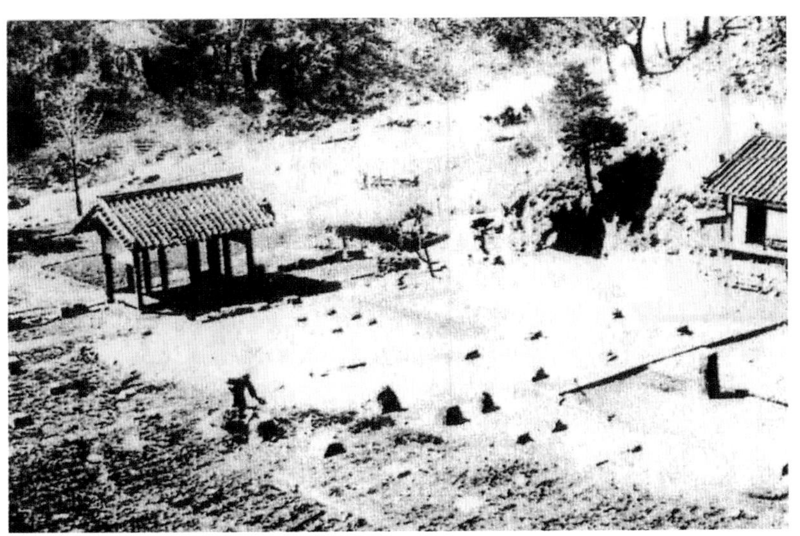

일제강점기 청평사 경내 회전문이 홀로 있고 서편에 요사가 보인다.
(자료: 小川敬吉 문화재)

청평사의 지형경관

청평사는 강원도 춘천시 북산면 청평리 674번지로 북위 37°59´, 동경 127° 48´에 위치해 있다. 이 지역은 한강 상류인 북한강 유역 내에 속하고 태백산 맥에서 분기된 광주산맥 동북부 지역의 남사면에 해당된다. 오봉산은 최고봉 이 779m이고 산계는 대체로 북서에서 남동 방향으로 발달했으며, 소 지류의 계곡들은 북동에서 남서 방향이 주류를 이룬다. 청평사가 위치한 오봉산의 원 래 명칭은 경운산慶雲山인데 고려 중기 이자현이 입산하면서 청평산이라 개칭 하여 불렀다. 이후 조선시대에는 청평산으로 불렀다. 일제강점기 때 발간된 근세 한국 지형도(1918)에는 다시 옛 이름인 경운산으로 표기되어 있다. 현대 에 와서는 다섯 봉우리가 발달되어 있다고 하여 오봉산五峯山으로 지형도 상 에 표기되어 불린다. 이 오봉을 속칭 비로봉, 관음봉, 보현봉, 문수봉, 나한봉 으로 부르기도 한다.

청평사 수계水系는 서북쪽의 배후령에서 뻗어 내려온 계류와 선동골의 지 류가 합쳐져 주 계류가 분지 중앙을 가로지르며 절 방향으로 발달되어 흐른 다. 이 계천을 서천西川이라 하며 절 남쪽 바로 아래를 지나 구송폭포를 거쳐 소양호로 흘러나간다.

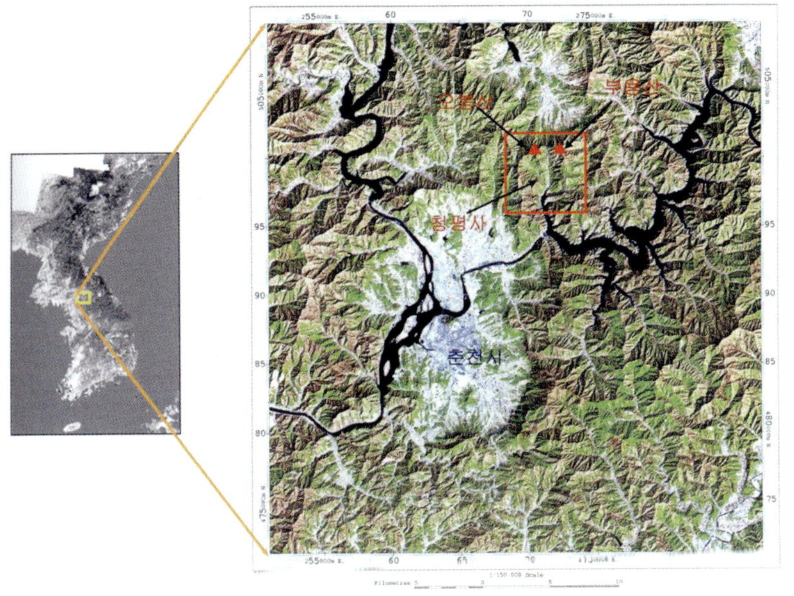

청평사 위치도
(자료: 청평사 선원 학술조사 보고서)

청평사 일대의 지형은 하천작용에 의한 침식 및 퇴적지형이 모식적으로 나타나고 국지적으로 단층지형, 풍화지형, 주빙하지형主氷河地形 등이 나타난다. 청평사 일대는 이러한 지질적 구조로 폭포, 소沼, 반석(너럭바위), 판상절리, 토어, 암괴류 등이 산중 곳곳에 각기 그 지형적 특색을 이루고 있다.

청평사는 근세에 와서 절 진입도로가 개설된 것 이외에는 큰 주변 지형 변화가 없다. 단지 오봉산에 오르면 소양호가 멀리 시야로 들어온다는 것이 큰 경관 변화일 뿐 옛 자연경관이 훼손되지 않고 그대로 잘 보존되어 있다.

예로부터 이러한 청평사의 빼어난 지형경관에 대해 우리의 선인들은 청평

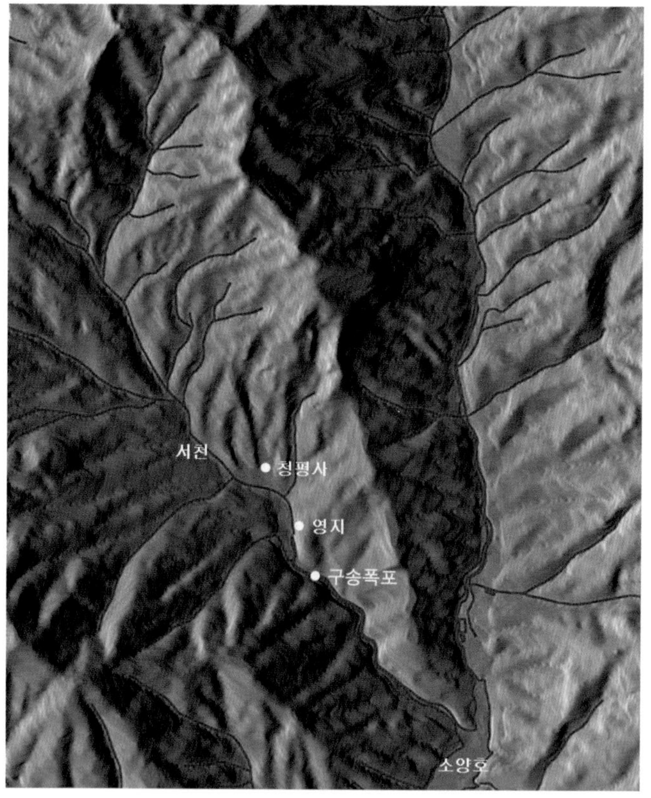

청평사 일대 음영기복도
(자료: 청평사 선원 학술조사 보고서 재구성)

산수의 아름다운 풍경을 글로 많이 남겼다. 고려시대 김부철(金富轍, 1079~1136)은 「문수원기」 말미에서 "그 청평산의 산과 물과 골짜기의 좋은 경치는 실로 우리나라에서 아름다운 곳이지만 이것은 장차 문장에 능한 사람을 기다려서 글을 짓게 하도록 하고 여기서는 언급하지 않는다."라고 하였다. 조선시대에 와서 많은 문장가들이 이에 화답하듯이 청평사의 경관에 관한 글을 많이 남겠다.

　조선 초 보우는 『허응당집虛應堂集』하 「유청평사시이십이운병서遊淸平寺詩二十二韻幷書」(이하 『허응당집』)에서 청평사의 지형경관에 대해,

　"산봉우리가 높아 배회하고 골짜기가 푸르고 깊어 평온하다. 진실로 말로 형용할 수 없을 정도이며 참으로 하늘이 만들고 땅이 신비스러움을 지닌 그윽한 지역이다."

　라고 했다. 또 청평사 일대 천석泉石의 아름다움에 대해,

　"저 금강산의 기암괴석과 태백산의 웅장한 봉우리와 큰 골짜기는 비록 경관이 놀랍고 상엄하지만 그 천석泉石은 옥과 그림같이 사랑스럽고 놀랄만한 것이 가히 청평사와는 한 나라에서 아름다움을 다툴 수 없다."

　라고 하며 청평사의 빼어난 지형경관과 천석의 아름다움에 감탄하고 있다. 그리고 춘천부사를 지낸 박장원朴長遠도 『구당집久堂集』15권 「유청평산기遊淸平山記」(이하 『구당집』)에서,

　"춘주의 청평산은 본디 소봉래(작은 금강산)로 불렸으며 또 관동의 일대 명산이다."

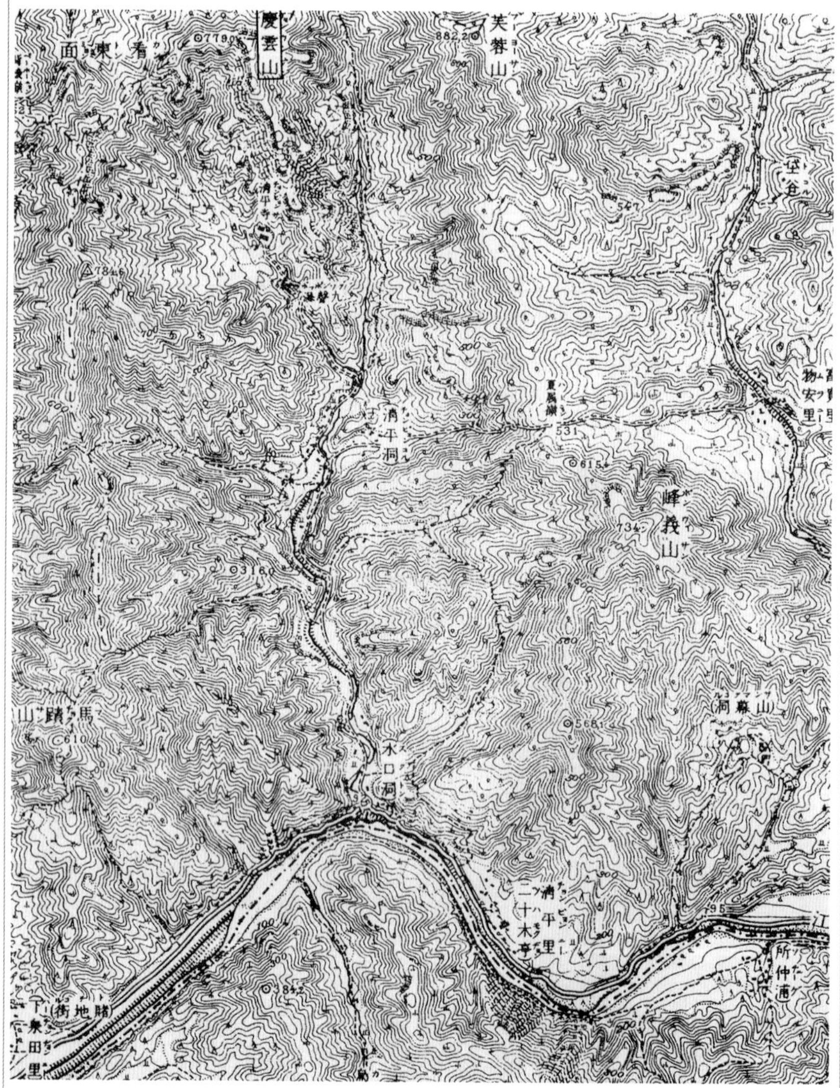

일제강점기 청평사 일대 지형도(1918) 현재의 오봉산을 경운산慶雲山으로 부르고 있다. (자료: 근세
한국 오만분의 일 지형도)

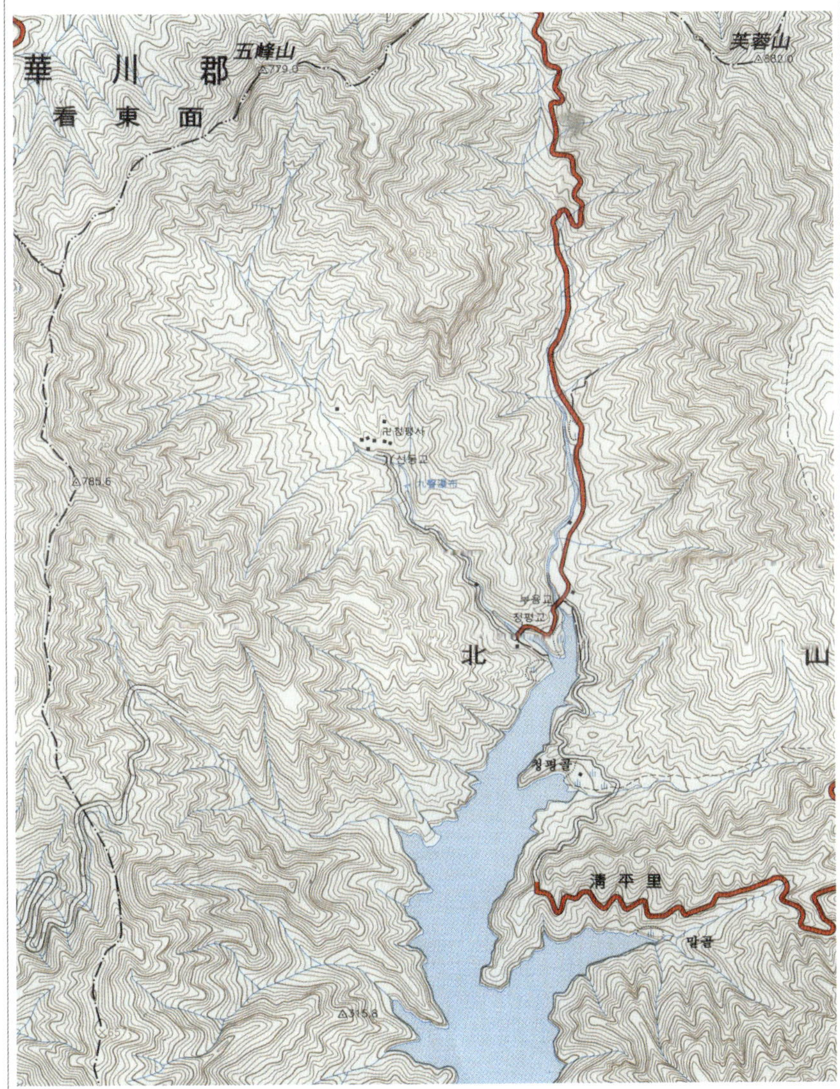

청평사 일대 지형도(2004) 청평산(경운산)이 오봉산으로 바뀌었다. (자료: 국토지리원, 축척 1:25,000)

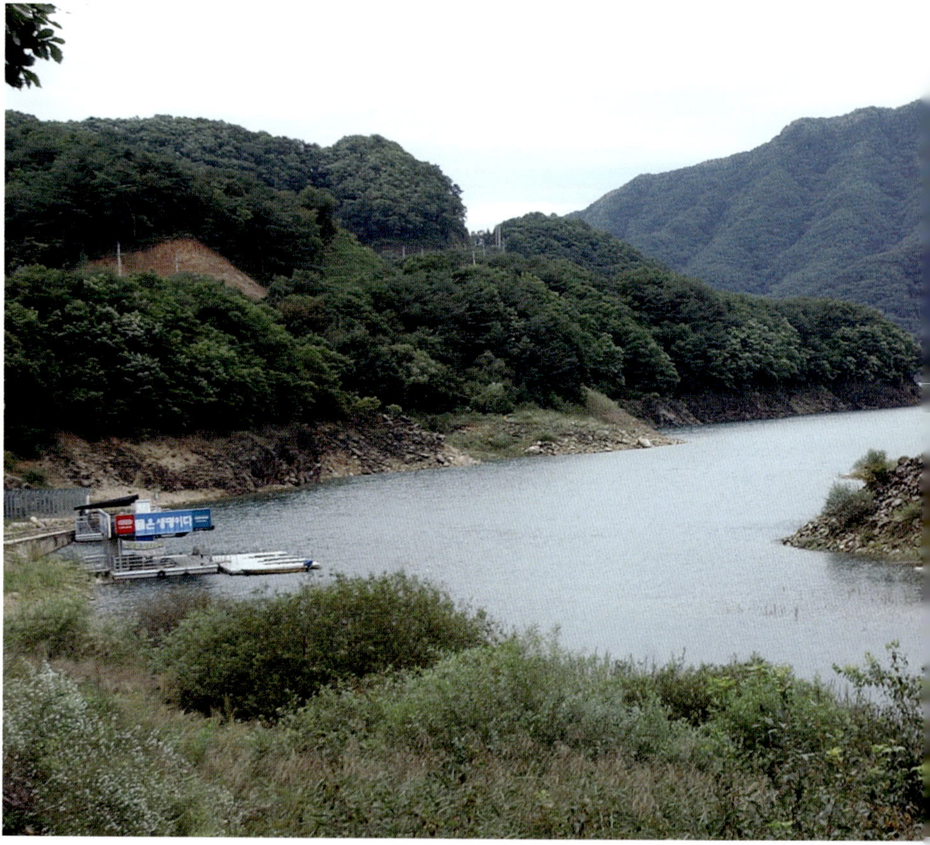

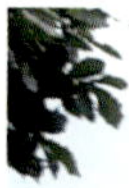

라고 그 산수경관을 금강산에 비유할 정도였다. 또 산의 형세에 대해,

"나라 안의 명산을 나는 많이 보아왔지만 두 손을 마주잡고 모이듯 하고 사면으로 둘러싸여 있으면서 비거나 부족함이 없이 산의 모습이 온화하고 기색이 빼어나며 기이하기로는 이 산만한 것이 없었다. 이것이 기인과 현사들이 이 산을 외면하지 않았던 이유가 아닌가 싶다."

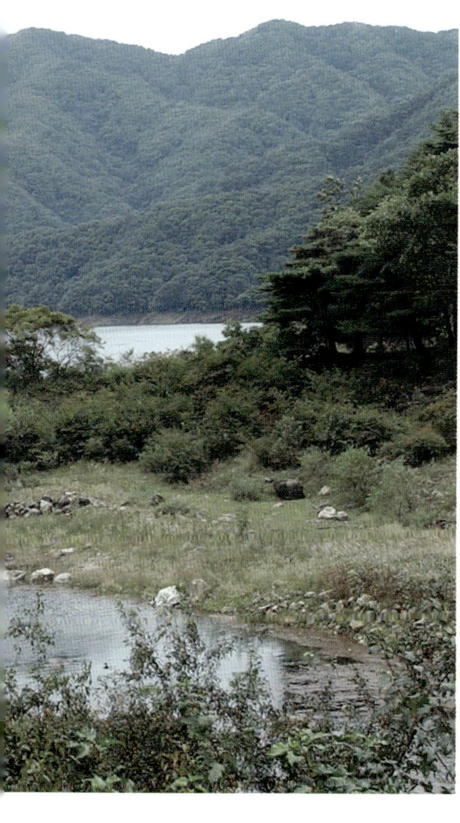

청평사 선착장
소양댐 건설로 청평사 아래까지 호수가 들어 차 있다.

라고 산의 지형지세와 경관의 빼어남을 극찬하고 있다.

이와 같이 청평사 일대는 예로부터 자연경관이 빼어나기로 널리 알려져 왔
는데 아직도 변함없이 그 경승을 뽐내고 있다. 청평사 접근로는 1973년 소양
댐이 생기면서 기존 진입도로가 호수에 잠겨 소양호 수로와 오봉산 서쪽 배
후령 고개를 넘어 오는 육로가 나 있다.

청평사의 식생

오봉산 청평사 일대는 지형보존과 같이 식생도 보존이 잘 되고 있으며 침엽수림과 활엽수림 그리고 혼효림이 복합된 식생구조를 형성하고 있다. 이곳에 자생하는 양치식물 이상의 관속식물은 97과 310속 351종 74변종 9품종으로 모두 434종이다.

청평사의 500m이하 산록부에는 소나무군집, 500m이상에는 신갈나무군집이 대표적인 식생을 이룬다. 이 신갈나무군집 내에는 신갈나무, 졸참나무, 소나무, 당단풍, 쪽동백나무 등이 상부 교목층의 우점종군을 형성하며 생강나무, 철쭉꽃, 노린재나무, 싸리, 진달래, 개옻나무, 참개암나무, 산딸기 등이 관목층에 우점하고 있다. 이 관목층 하부에는 선밀나물, 김의털, 애기나리, 대사초, 꽃며느리밥풀, 둥굴레, 고깔제비꽃, 삽주, 큰기름새, 맑은대쑥, 민둥갈퀴, 참취, 양지꽃, 단풍취, 미역취, 큰까치수염, 기름나물, 잔대, 더덕 등 초본류가 하층식생의 우점종군을 이루고 있다.

오봉산 서쪽 산록에는 으름덩굴, 남쪽 산록 물가에 제충국, 산지 암벽에 고란초, 부채괴불이끼, 청평사 경내 가까이에는 애기물꽈리아재비, 좀고양이수염이 자라고 숲속에는 들바람꽃, 금낭화, 민백미꽃, 수염며느리밥풀, 개불알꽃 등이

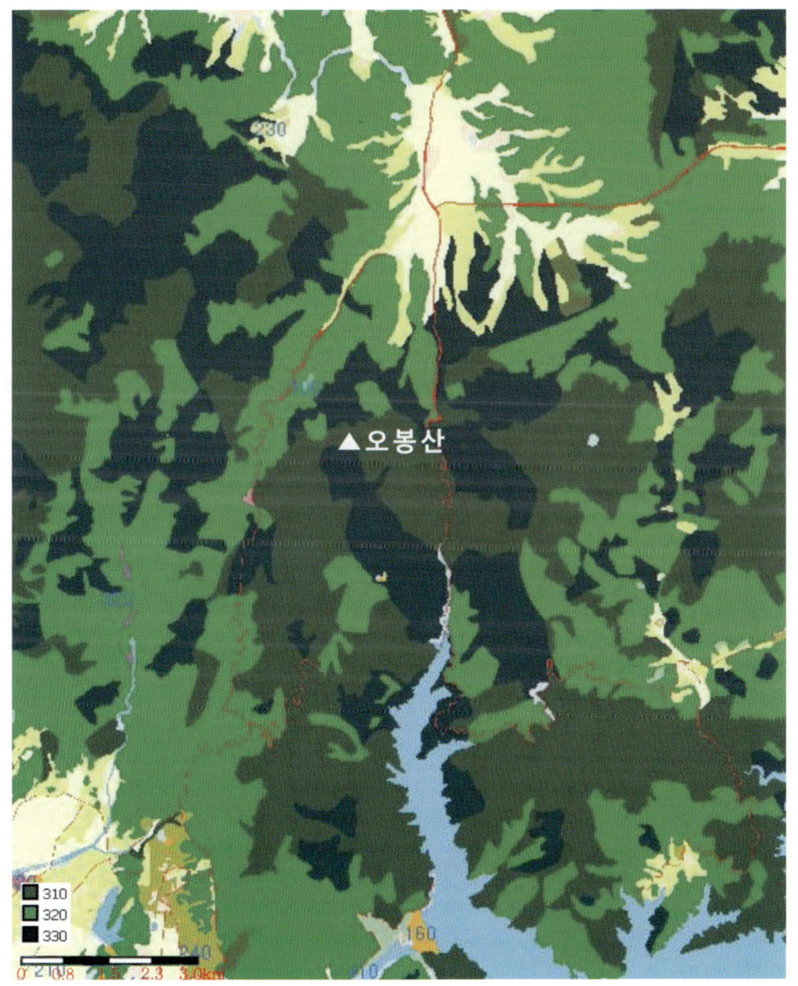

오봉산 일대 토지피복 분류도
오봉산 남쪽 청평사 일대는 활엽수림(310), 침엽수림(320), 혼효림(330)등이
함께 식생구조를 형성하고 있다. (자료: 환경부 EGIS)

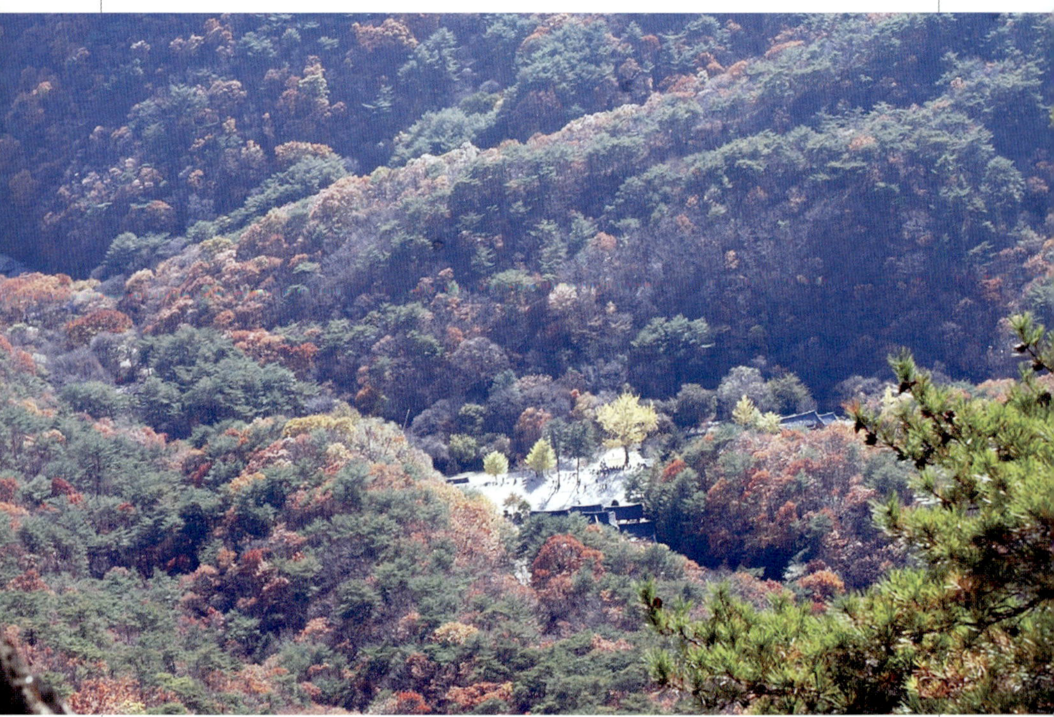

청평사 주변 식생 전경 청평사 경내를 에워싸며 침엽수림과 활엽수림이 조화롭게 혼효를 이루고 있다.

분포하고 있다.

청평사 일대 소산식물 중에 할미밀망, 참꿩의다리, 매자나무, 매화말발도리, 서울귀룽나무, 털조록싸리, 노랑갈퀴, 산단풍나무, 지리산오갈피나무, 개나리(재), 참배암차즈기, 오동나무(재), 병꽃나무, 금마타리, 고려엉겅퀴, 분취, 눌메기천남성 등 17종류는 한국특산식물이다.

이밖에 소산식물 중 닭의덩굴, 소리쟁이, 좀명아주, 다닥냉이, 말냉이, 아까시나무, 고삼, 가중나무, 달맞이꽃, 독말풀, 돼지풀, 미국가막사리, 지느러미엉겅퀴,

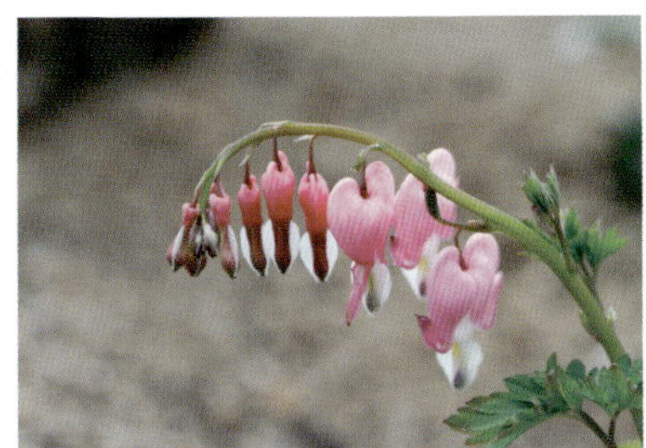

금낭화

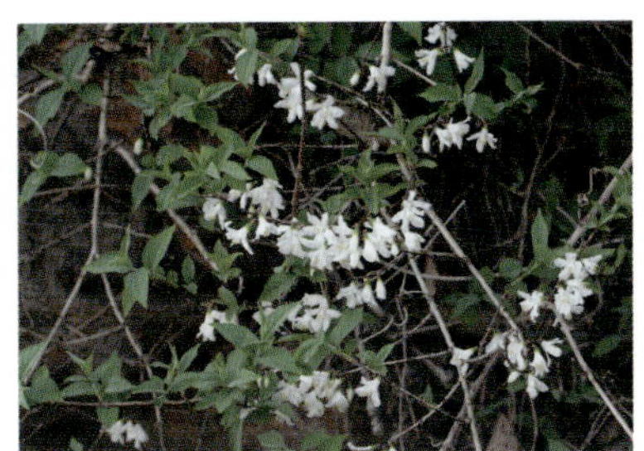

매화말발도리

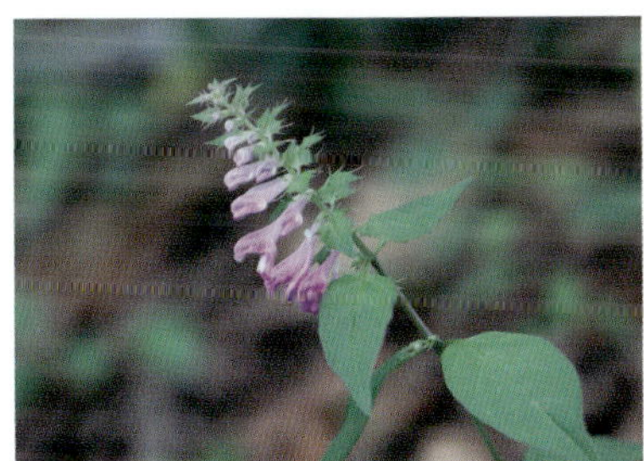

꽃며느리밥풀

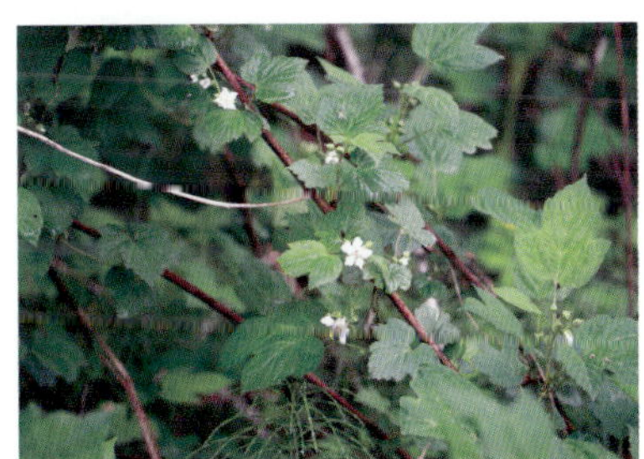

산딸기

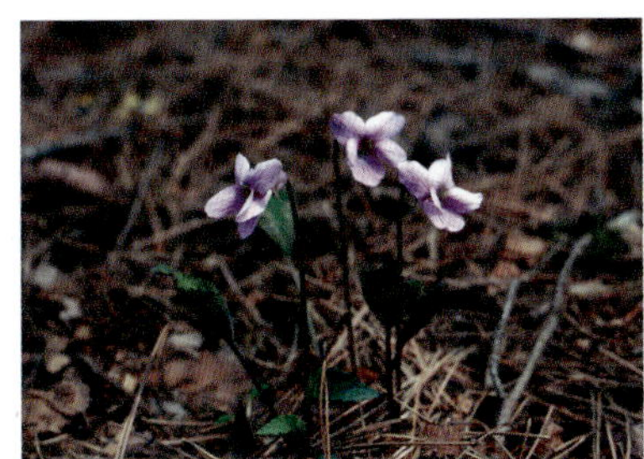

고깔제비꽃

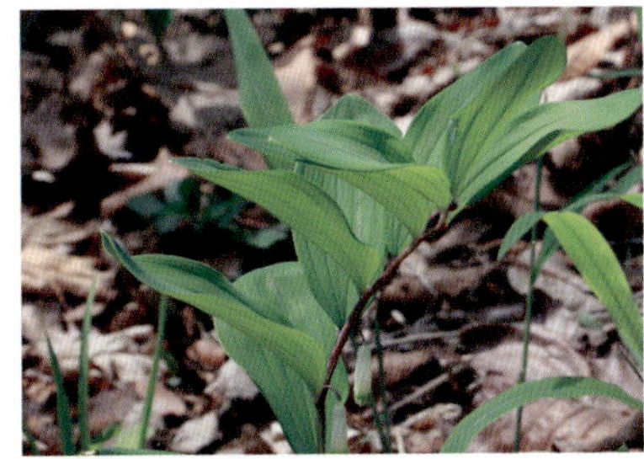

둥글레

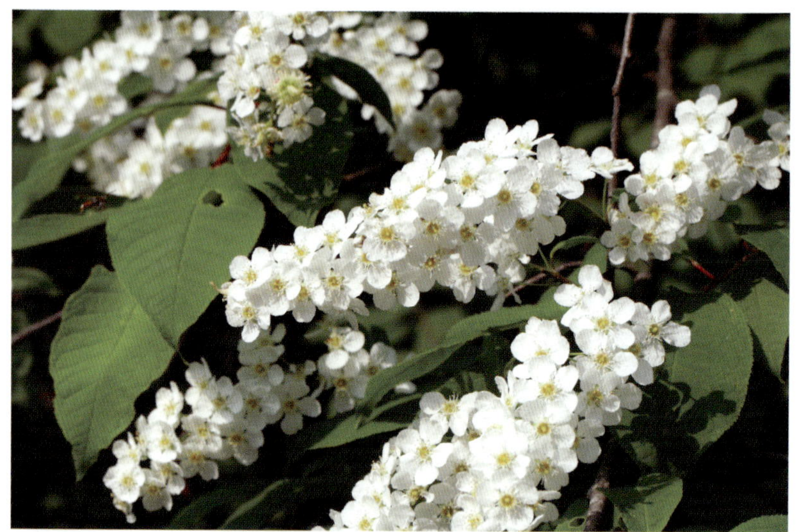

귀룽나무

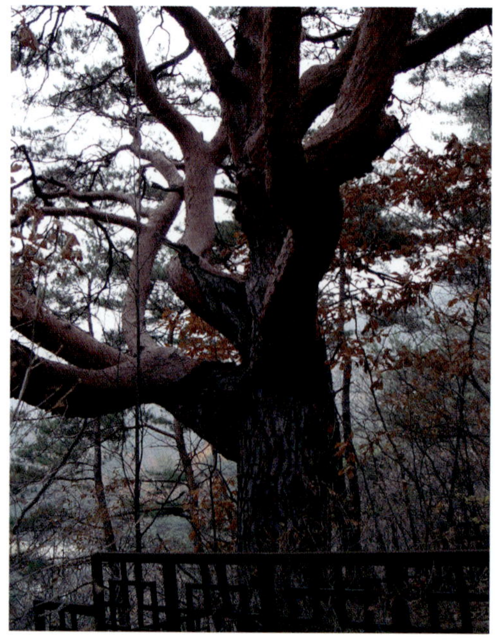

삼층석탑 북쪽 소나무 보호수

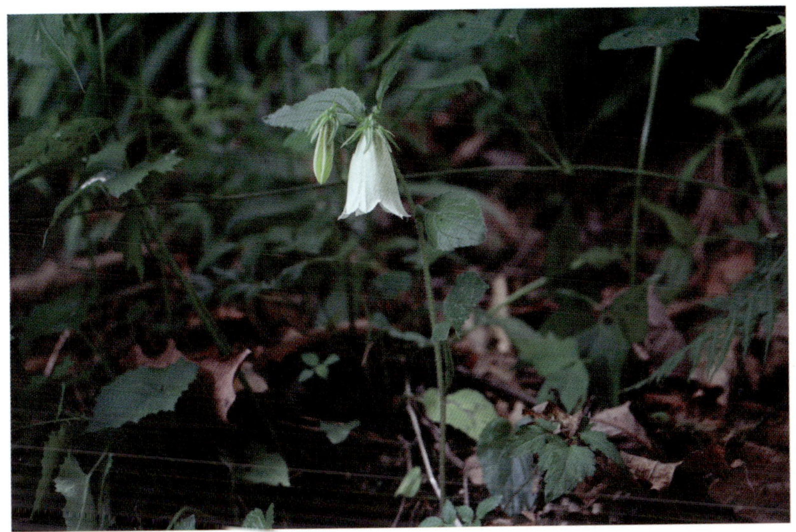

초롱꽃

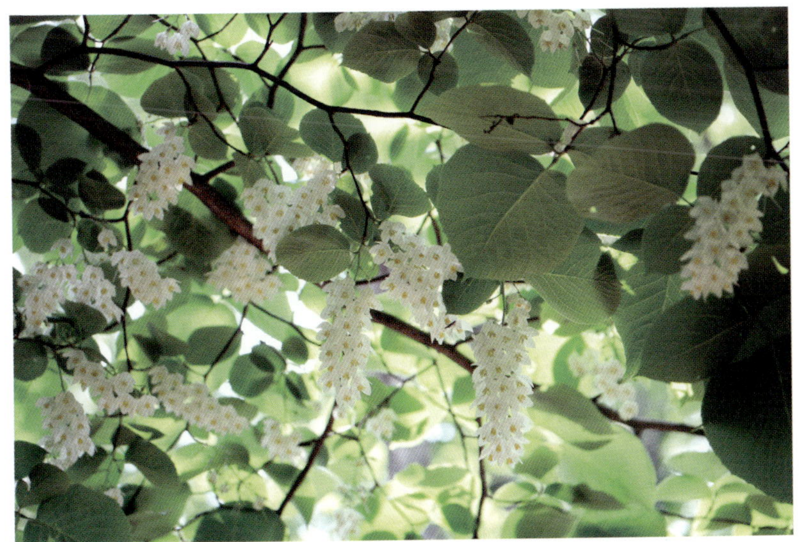

쪽동백나무

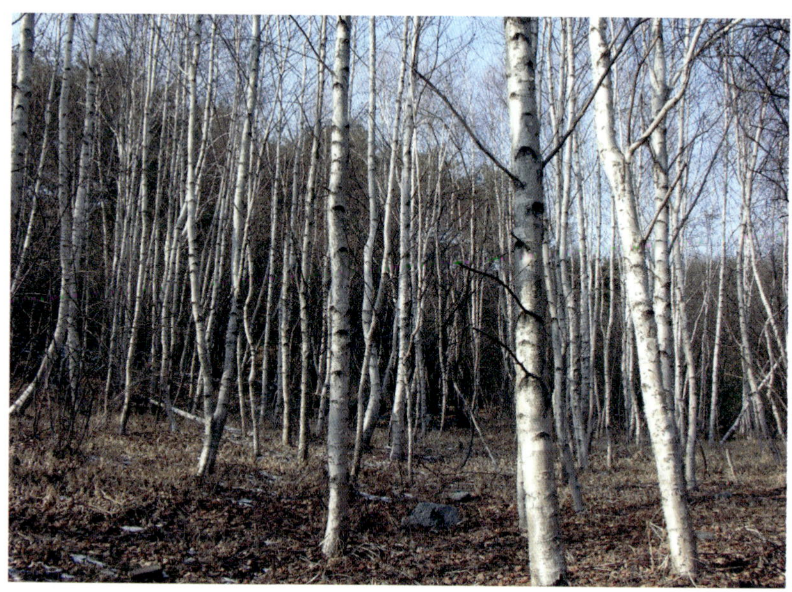

서천 자작나무 숲

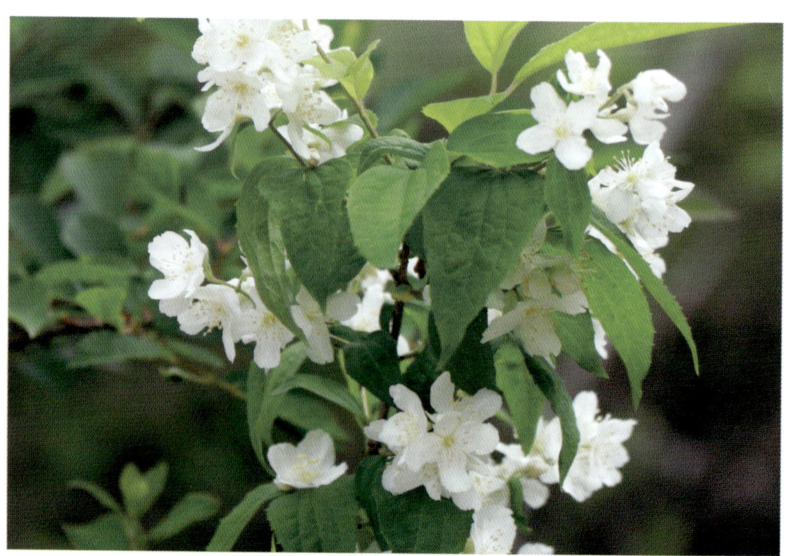

고광나무

개망초, 실망초, 망초, 오리새 등 17종류는 귀화식물이다.

청평사 일대 주요 유적공간을 중심으로 한 식생구조에서는 교목층, 아교목층, 관목층, 초본류의 4층위가 각 구역에서 비슷하게 나타나며 우점종에서만 약간의 차이를 보인다.

옛 청평사 진입공간인 구송폭포 주변 식생은 대형 졸참나무와 귀룽나무가 생육하고 있으며 구송폭포 상폭 주위에 서어나무가 자라고 폭포 앞에는 큰 다래가 있다.

그 밖의 교목층으로 소나무, 물푸레나무, 난티나무, 상수리나무 등이 주요 수종을 이룬다. 하부식생으로서는 아교목층에 쪽동백나무, 함박꽃나무와 관목층으로서 생강나무와 철쭉이 분포하고 있다. 구송폭포의 농남쪽 벽면에는 돌단풍이 자라고 철쭉, 병꽃나무, 신날래 등이 주요 하층 구성종을 이루고 있다.

아래 구송폭포 하폭인 쌍폭 주변에는 소나무, 물푸레나무, 소사나무, 난티나무, 당느릅나무 등이 자라고 폭포 동남쪽 벽면에는 담쟁이덩굴과 병꽃나무가 생육하고 있다.

특히 쌍폭 반송 위 구송대 앞에 진락공 이자현이 심었다는 아홉 그루 소나무가 있던 자리에는 신갈나무, 서어나무, 물박달 등의 활엽수가 식생하고 있다.

3층석탑에서 석굴로 가는 중간에 추정 수령 300년이 넘는 소나무 노거수가 보호되고 있다.

청평사 영지 주변 산록에는 산벚나무, 밤나무, 난티나무, 야광나무, 졸참나무, 물푸레나무, 신나무, 산뽕나무 등이 교목층을 이룬다. 연못가에는 고로쇠나무, 귀룽나무, 졸참나무, 쪽동백나무, 당단풍, 소나무 등이 혼효를 이루고 있다. 특히

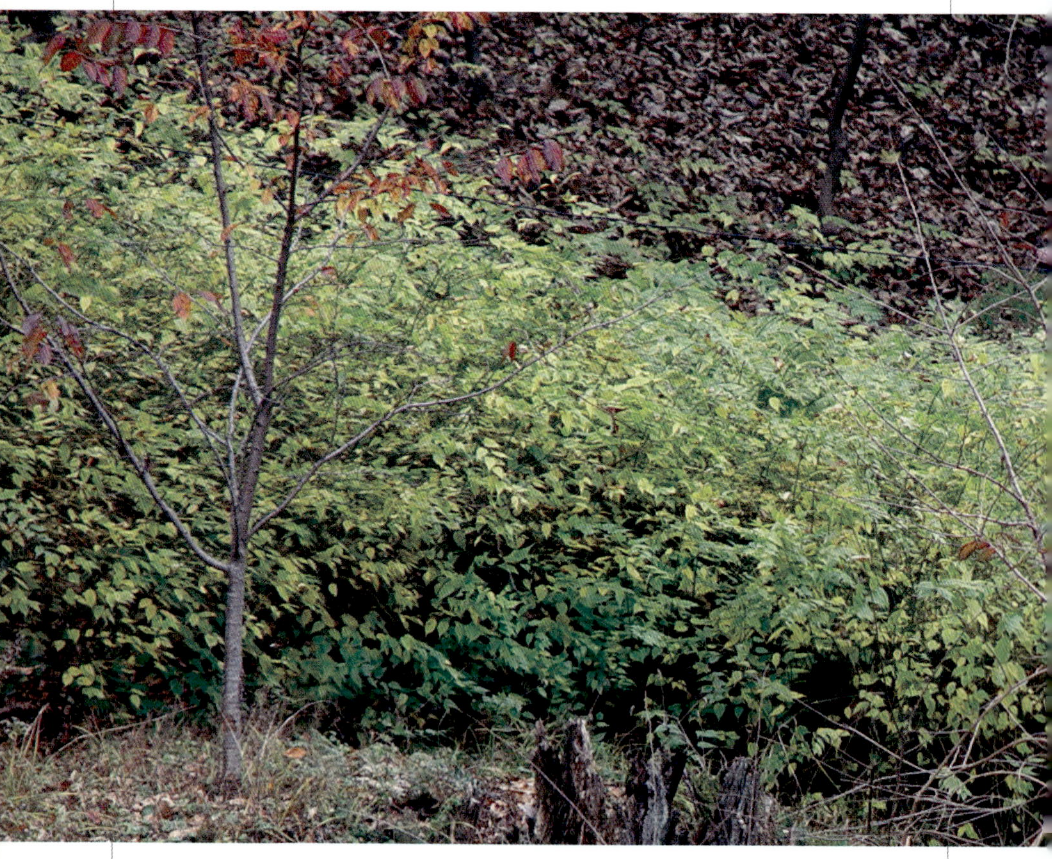

경내 죽단화 경내 종각 동편에 황매의 일종인 죽단화가 군락을 이루고 있다. 앞에 고사목은 1998년에 고사한 돌배나무이다.

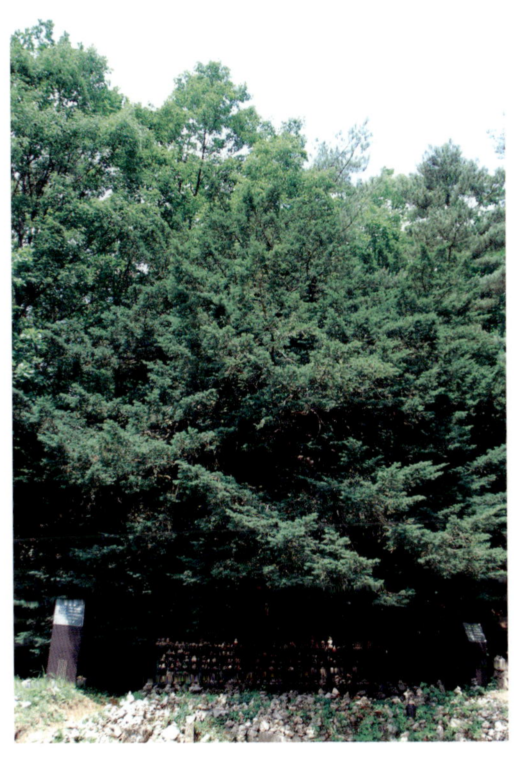

경내 주목 보호수 '강원도나무 보호수'는 800년, '춘천시나무 보호수'는 500년으로 추정되고 있다.

영지 북변에 크게 자란 소나무가 군락을 이루고 있어 영지의 견성암봉 산록의 투영이 가려지고 있다. 하부식생에는 줄딸기가 부분군락을 이루고 있다. 영지 북쪽으로 계류를 따라서 딱총나무와 다래, 신나무, 산뽕나무, 쪽동백나무 등이 주요 구성종으로 나타나며 산딸기와 잔대 그리고 초본류로는 개망초, 초롱꽃, 맥문동 등이 자라고 있다. 영지 못가에는 조선 후기 『약헌유고』에 의하면 고려 말 나옹대사가 심었다는 4주의 주목이 연못 둘레로 자라고 있었는데 몸체가 꾸불꾸불하고 틀어져 있어 매우 기이하다고 하였다. 이 주목은 1970년대까지도 일부 살아 남아 있었다. 영지 남쪽 축단 밑의 죽단화 군락지는 영지 주변의 경관 조성을 위해 일찍이 이식해온 정원수로 선동교 위 서천과 경내 종각 옆에도 이 죽단화가 군락을 이루고 있다. 황매의 일종인 죽단화는 보우가 멀리 한양 궁원에서 진귀화목을 이식해 올 때 들어온 것으로 추정된다. 또 『약헌유고』에 의하면 3층 석탑을 내려와 제1교를 건너 영지로 오르는 길가에는 조릿대가 빽빽하게 우거져 있었다.

영지구역 남쪽 산록 매월당 김시습이 은거했던 세향원 터 주변에는 소나무가 군락을 이루고 있으며 그밖에 교목층으로 산뽕나무, 야광나무, 난티나무 등이 생육하고 있다. 아교목으로 신나무가 우점하고 있고, 쪽동백나무, 생강나무, 당단풍 등도 자라고 있다. 관목으로는 좀작살나무, 고추나무 등이 분포하고 있다. 특히 영지 부도를 지나 세향원 터로 진입하는 구간에는 고광나무가 군락을 이루고 있다.

선동을 향해가다 보면 서천의 기우단 터 부근 남쪽에는 인공으로 조성한 자작나무가 숲을 이루고 있다.

진락공 이자현이 즐겨 찾던 선동의 식암(현 적멸보궁)의 주변은 소나무 대교목과 사스래나무가 군락을 이루고 있고 그밖에 교목층에 고로쇠나무, 졸참나무, 물푸레나무, 층층나무, 굴참나무 등이 우점하고 있다. 아교목층으로는 당단풍, 쪽동백나무, 상수리나무, 생강나무 등이 생육하고 있으며, 관목층으로 좀작살나무, 고추나무, 회나무, 줄딸기 등이 자라고 있다. 초본류로는 쐐기풀, 대사초 등이 부분적으로 서식하고 있다. 『약헌유고』에 의하면 식암 옆 석대에 소나무 두 그루와 잣나무 두 그루가 서로 꼬여 괴이하다 했으며, 조선중기 『해동산천록』에는 식암 앞뜰에 처마를 가릴 정도의 큰 배나무가 자라고 있다고 하였다. 바로 식암 밑에 있는 암자인 선동암 앞뜰에도 『약헌유고』에 진락공 이자현이 심은 배나무 고목 두 그루가 자라고 있었다 하고 있다.

청평사 경내 입구의 식생은 고로쇠나무, 버드나무, 귀룽나무, 느릅나무, 팽나무, 은행나무, 왕벚나무, 보리수나무가 자라고 있다. 제1단 석단 입구 양쪽에는 잣나무 2구루가 곧게 서 있다.

회전문 서쪽 주변에는 전나무, 독일가문비, 수수꽃다리, 소나무, 주목, 백목련이 자란다. 회전문 동쪽 주변에 귀룽나무, 곰의말채, 신나무, 당단풍, 팽나무, 밤나무, 살구나무, 느릅나무, 음나무, 두충나무, 고로쇠나무 등이 자라며 소나무가 군락을 이룬다.

대웅전 뒤로는 병꽃나무, 명지니무, 기북꼬리, 주름조개풀이 자라고 극락전 뒤로는 소나무, 잣나무, 굴참나무 군집이 식생한다. 또 극락전 앞쪽에 시·도보호수인 주목 노거수 2주, 당단풍, 팽나무 그리고 소나무가 군집을 이룬다. 이밖에 졸참나무, 갈참나무, 물푸레나무, 살구나무, 조릿대 군락, 중국단풍, 산뽕나무, 느릅나무, 쪽동백나무, 고로쇠나무, 복자기, 국수나무, 병꽃나무, 진달래 등이 그 주변에 식생하고 있다. 『약헌유고』에 보면 회전문 앞 쌍지에는 주목이 세 줄로 연못 둘레로 식재되어 자라고 있었다. 종각 옆 동편에 죽단화가 군락을 이루고 있고 그 옆에 청평사와 오랜 역사를 같이했던 돌배나무 고사목이 있다.

이자현과 문수원

이자현(李資玄, 1061~1125)의 자는 진정眞靖, 호는 식암息庵 또는 희이자希夷子이고, 시호는 진락공眞樂公으로 고려시대 여러 대에 걸친 왕실 외척의 권문세가 출신이다. 조부인 이자연李子淵의 딸 셋은 모두 11대 문종의 비가 되었고, 4남이 보현원을 세운 이의이고 이의의 맏아들이 이자현으로 이자겸과는 사촌 간이다.

이자현은 고려 순종 1년(1083) 과거에 급제한 후 선종 6년(1089)인 29세에 대악서승大樂署丞이 되었으나 그해 벼슬을 버리고 청평산(현 오봉산)에 은둔처를 마련하였다.

이자현이 청평산에 오게 된 계기를 보면 이인로李仁老의 『파한집破閑集』에,

"이자현은 평소 신선처럼 세상을 피해 숨어 살 만한 은거처를 찾고 있었고, 처의 갑작스런 죽음으로 인생무상을 느꼈으며, 선설禪說을 평소 즐겨하였다. 복술가卜術家 은원충殷元忠과 경승지를 찾아다니다 청평산이 세상을 피해 사는 데 적지라는 은공의 말대로 청평산을 선택하였다."

는 내용이 나온다. 이밖에도 이자현이 청평골에 정착하는 데에는 춘주도감창

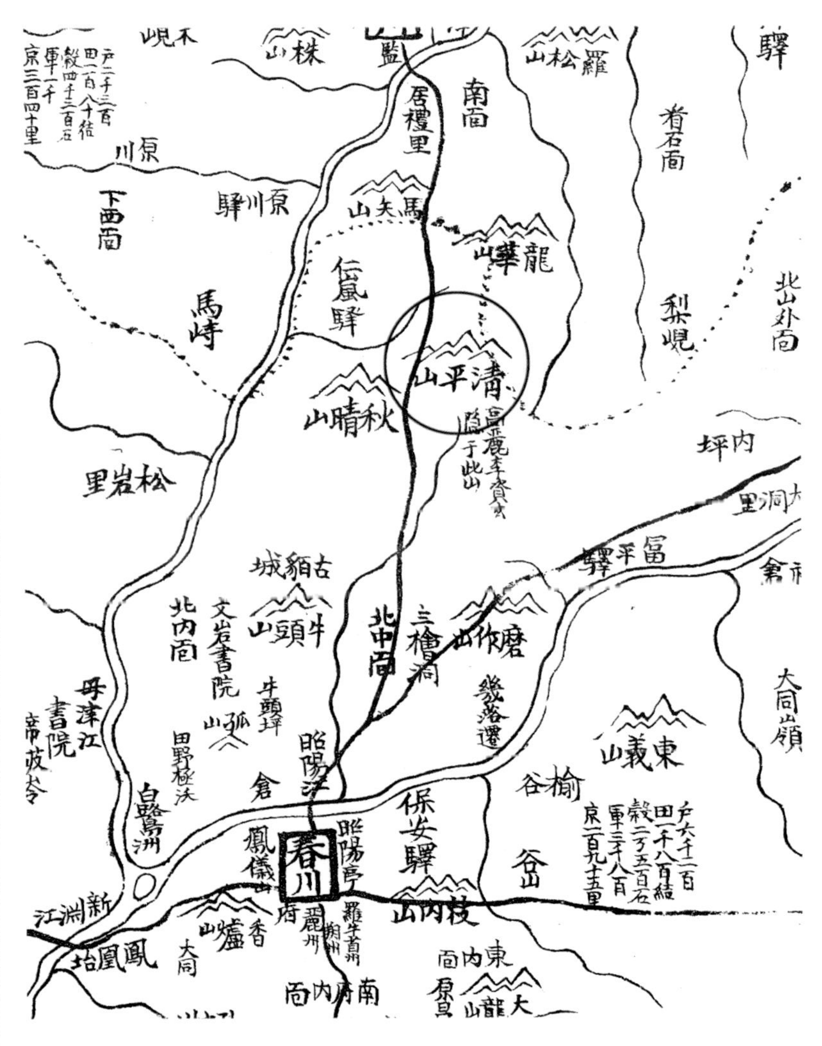

김정호의 청구도(1883) 청평산은 고려 이자현이 은거한 산이라 표기되어 있다.

사春州道監倉使를 지낸 부친의 배경이 큰 도움이 되었을 것이다.

당시 청평산에는 도둑과 호랑이가 빈번하게 출몰하였지만 이자현이 입산하면서 모두 자취를 감추어 이 모든 것이 맑게 평정된 산이라 하여 원래의 경운산慶雲山을 '청평산清平山'이라 고쳐 불렀고, 문수보살의 크나큰 지혜로 불법의 뜻을 깨닫는 도량이라는 뜻으로 보현원을 '문수원文殊院'으로 명칭을 바꾸었다. 이 '청평清平'이란 어원이 이때부터 유래되었으며 그후 조선시대 들어 보우는 문수원을 청평사라 개칭하였던 것이다. 「문수원기」에 의하면,

"절 밖으로 다른 골짜기에 한가하게 지낼 수 있는 곳을 만들었으니 암자[庵], 당堂, 정자[亭], 헌軒 등이 모두 십여 곳이었다. 당의 이름은 문성聞性이었고, 암자의 이름은 견성見性, 선동仙洞, 식암息庵 등으로 각기 이름이 있었다."

"院外別洞構閒燕之所 其庵堂亭軒凡十有餘處 堂曰聞性 菴曰見性曰仙洞息菴等各有其名"

라고 하였다. 이자현이 절 밖으로 영역을 넓혀 참선과 수행을 위해 암자, 정자 등을 곳곳에 조성하였음을 알 수 있다. 또 이자현의 수행 행적에 대해,

"날마다 절 밖 이곳에서 생활하는데 어떤 때는 홀로 앉아서 밤이 깊도록 자지 아니하기도 하며 어떤 때는 반석 위에 앉아서 하루가 지나도록 돌아오지 아니하기도 하며 어떤 때는 견성암見性菴에서 입정入定하였다가 7일 만에 나오기도 하였다."

"日以逍遙於其中 或獨坐夜艾不寐 或坐盤石經日不返 或入定見性菴 七日乃出"

라고 하였다. 이자현이 암자나 노지의 반석에서 오로지 참선에 몰입하는 수도의 모습이 보인다.

김종직金宗直의 『청구풍아靑丘風雅』 6권 이자현이 지은 「낙도음樂道吟」에,

푸른 산봉우리 아래 지은 집	家住碧山岑
전해오는 귀한 거문고 있네	從來有寶琴
한 곡조 타는 것은 어렵지 않으나	不妨彈一曲
다만 음을 알아줄 사람이 직구나	祗是少知音

라고 도의 즐거움을 읊은 시에서 청평산수에서 은둔하며 깨우친 도道의 경지를 은유적으로 비유하고 있다.

고려 16대 예종 12년(1117) 왕이 남경(현 서울)에 와 이자현에게 조정에 나오라고 부르니 가기를 마다하며 임금에게 올린 글이 남아 있다.

『동문선』 제39권 「표전表箋」 제2표第二表 '이자현'에,

새가 즐기는 곳은 무성한 수풀이 있고	漁樂在於深水
고기가 즐기는 곳은 깊은 물이라고 합니다.	使一物失其所

(중략)

모든 생물로 하여금 각기 제 마땅함을 얻게   群情各得其宣

함이 거룩한 혜택입니다.

라고 산야에 묻혀 수행에만 전념하기를 간청하는 심경이 엿보인다.

이어 「문수원기」에 보면 그해 8월에 남경에서 예종은 이자현에게 친히 다음 시 한수를 지어 다시 불렀다.

평소에 보기를 원하였더니   願得平生見

날이 갈수록 생각이 더 하여라   思量日漸加

어진 이 높은 뜻을 빼앗긴 어려우나   高賢志難奪

나의 마음 간절함은 어이 하려나   其奈予心何

예종이 보낸 시를 받아보고 이자현은 왕의 부름에 응하여 찾아 왔다.

『고려사』 제95권 「열전」 8 '이자현'에 보면 "이때 예종이 그를 찾아보고 사람의 천성을 수양하는 요결을 물었더니, 이자현은 탐욕을 버리는 것보다 더 좋은 방법은 없습니다. 라고 대답하고 심요心要라는 책을 저술하여 왕에게 바치니 왕이 보고 감탄하며 그를 극진하게 대접하였다." 하였다. 그리고 나서 이자현은 다시 청평산으로 돌아갔다.

이와 같이 이자현은 예종으로부터 조정에 나오라는 수차례의 부름을 받았으나 사양하고 생을 마칠 때까지 37년간을 이 청평골에서 은거하였다. 이자현은 도교적인 기반 위에 불교를 받아들인 전형적인 거사불교의 인물이다. 즉 이자현은 자연에 은둔하면서 무위자연의 도가적 사상과 참선을 통해 심신을 수양하고 교리를 터득하고자 하는 선교일치 사상을 실천하면서 오로지 수도에만 전념하는 수행의 길을 걸었다.

이자현의 이러한 철저한 절제와 수행의 행적은 후대에 귀감이 되어 많은 문인 묵객들이 끊임없이 청평사를 탐방하면서 그의 지성과 수도자로서의 인품을 찬양하였다.

인종 3년(1125)에 이자현이 입적하자 진락공眞樂公이란 시호가 내려졌고 그의 공적을 기리기 위해 '문수원기비'가 인송 8년(1130)에 칭평사 제1미당에 세위졌다. 이자현이 유언대로 제자인 조원祖遠에게 문수원의 계승권을 넘겼다. 그가 남긴 저서로는 『선기어록禪機語錄』, 『가송歌頌』, 『남유시南遊詩』, 『포대송布袋頌』, 『추화백약공락도시追和百藥公樂道詩』 등이 있다. 이자현의 문수원은 그 이후 고려 불교의 주목받는 성지가 되었다.

보우와 청평사

보우(普雨, 1509~1565)의 호는 허응虛應 또는 나암懶庵으로 일찍이 15세에 출가하여 불가에 입문하였다. 보우는 고려시대에 불교가 국교로 융성했던 것과는 달리 조선시대에는 척불숭유의 유교사회로 불교가 쇠락의 길로 들어선 때 불교를 중흥시킨 순교승으로 평가되고 있다.

보우는 조선 11대 중종의 비이며 13대 명종의 모친인 문정왕후의 후원으로 1548년 봉은사 주지가 되고 선종판사직도 겸직하게 되어 불교 선종의 실권자가 되었다.

1551년 보우는 폐지되었던 선교禪敎 양종을 부활시키고 1552년에는 승과제도도 부활시켜 조정대신과 유생들의 강한 반발에도 불구하고 종단을 안정시키는 데 심혈을 기울였다.

어느 정도 종단도 안정되었으나 거듭되는 조정대신들과 유생들의 잇따른 저항과 상소에 보우는 청평사로 은퇴를 결심하게 되는데, 이 즈음 지은 것으로 추측되는 『허응당집』 「송묵중덕부직지지허送墨中德赴直指之墟」에, "청평산수에 물러나 즐거이 인연에 따라 마시고 먹으면서 임원林園에서 쉬어야 하겠다."라 하여 중앙정치 일선에서 물러나 청평사에서 휴식하고자 한 심경이 엿

보인다.

보우가 지칭한 임원林園이란 원림園林이라고도 하는 옛 조경용어로 이미 이 곳 청평사 일대가 자연 속에 인공경관을 조성했다는 의미를 지닌다.

보우가 청평사에 오게 된 배경을 추측해볼 수 있는 글이 몇 개 더 있다. 『허응당집』 「유청평사시이십이운병서遊淸平寺詩二十二韻幷書」에,

"청평사는 당나라 승려 영현선사가 옛날에 살던 곳이며 고려시대 진락공 희이자(이자현)가 나물을 캐먹던 곳이다."

라고 하였다. 여기서 당승 영현선사와 고려 진락공 이자현의 고매한 수행을 흠모하고 있음을 엿볼 수 있다. 또 같은 시에,

"청평사의 산수는 진실로 말로 형용할 수 없을 정도로 신비스러움을 지닌 그윽한 곳으로 그 천석泉石의 아름다움은 전국에서 으뜸이라 할 만하다."

라고 할 정도로 보우는 청평사의 그 빼어난 산수경관에 매우 매료되어 있었다는 것에서 청평사를 선택한 이유를 짐작해 볼 수 있다.

보우는 청평사로 은퇴하기에 앞서 이미 전국의 명산을 두루 다닌 경험이 있어 산수경관을 보는 안목을 가지고 청평사를 택했을 것이다. 실제로 보우는 중종 29년(1534)에 청평사에 왔었고 그후 간간히 병 때문에 머물어 청평산수의 빼어남을 익히 알고 있었다.

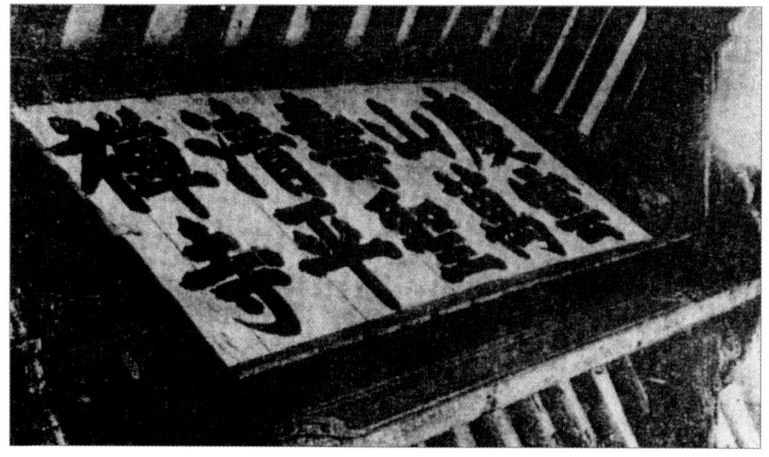

회전문 편액 조선 명종 12년(1557) 건립시의 회전문에 걸린 편액으로 김상헌의 『청음집』에 이 문액門額은 보우의 글씨라 했다. 이 편액은 일제강점기(1933) 때 걸려 있던 모습이다.
(자료: 杉山信三 한국의 건축)

　청평사로의 은퇴를 결심한 후 보우는 문정왕후로부터 은퇴를 윤허받아 명종 10년(1555) 9월에 선종판사직과 봉은사 주지직을 그만두고 문수사(문수원)로 왔다.

　오자마자 바로 보우는 문정왕후의 후원으로 선원을 대대적으로 중창하여 명종 12년(1557) 공사를 끝내면서 절의 이름을 '경운산만수성청평선사慶雲山萬壽聖清平禪寺', 즉 '청평사'로 개칭하였다. 이와 같이 불과 2년여의 단기간 내에 큰 공사를 마쳤다는 것은 지리적 여건으로 볼 때 이미 청평사에 오기 전부터 중창을 위한 계획이 추진되었다고 보아야 할 것이다.

　조인영趙寅永의 『운석유고雲石遺稿』 10권 「청평산기清平山記」(이하 『운석유고』)에는 "중창 때 건축에 사용한 돌들은 보우가 멀리 강화에서 옮겨왔다."고 하였다. 또 엄황嚴恍의 『춘천읍지春川邑誌』「불우佛宇」에 의하면 "이름난 꽃과 이상한 풀들은 모두 보우가 멀리 한양 궁궐로부터 꽃나무를 옮겨와 심었다."고 할 정도로 보우는 불사와 원림을 만드는 데 정성을 기울였다. 이러한 청평사의 빼어난 산수경관과 조화롭게 어우러진 선원의 아름다움에 감탄하여 보우는 「청평팔영清平八詠」 시를 비롯해 많은 경관 관련 글을 지어 남겼다.

보우가 청평사에 5년여 머무는 동안에도 선종판사, 어사 등이 방문할 정도로 그의 위세는 꺾이지 않았으며 보우의 은거로 청평사는 조선시대 주목받는 불교의 성지가 되었다. 보우는 명종 15년(1560) 문정왕후의 부름을 받고 청평사를 떠났다가 명종 20년(1565) 문정왕후가 승하하자 제주도로 귀양을 갔고 그해 제주도에서 순교하였다.

저서로는 『허응당집虛應堂集』, 『나암잡저懶庵雜著』, 『수월도량공화불사여환빈주몽중문답水月道場空花佛事如幻賓主夢中問答』, 『권념요록勸念要錄』 등이 있다.

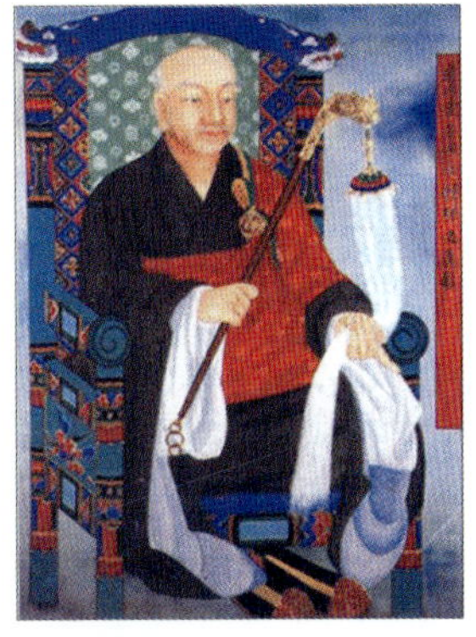

보우대사 진영眞影 (자료: 봉은사 소장)

청평사의 세부구역

청평사는 고려시대 백암선원과 보현원의 경내 중심에서 벗어나 이자현의 문수원 때 경외로 영역을 크게 확장하여 현재와 같은 규모를 지닌 선원이 되었다. 그후 조선시대 들어 보우의 청평사 중창을 거치면서 문수원 때보다 경내를 넓히고 대부분 건물을 다시 세웠고 경외의 영지를 비롯해 여러 시설들을 크게 개선시켜 선원다운 면모를 갖추게 되었다.

청평사는 지형지세에 따라 세부구역별로 그 기능과 특징이 잘 나타나 있다. 선원의 배치는 분지 한가운데 입지한 경내를 중심 공간으로 하여 청평사 옛 진입공간인 구송폭포구역, 연못을 중심으로 한 영지구역, 절 서쪽에서 흐르는 계천을 중심으로 한 서천구역, 서천 지류의 협곡을 중심으로 한 선동구역, 그리고 선원 내 제일 높은 산악지대인 견성암구역 등 6개 구역으로 선원이 각기 그 특징을 이루며 발달되어 있다.

이러한 각 세부구역은 옛 문헌에 구역별로 그 지형적 입지, 지형지물의 위치 및 특성, 기능 및 이용행태, 경관 특징 등이 상세하게 묘사되고 있어 옛 선원의 모습을 그대로 느낄 수 있다.

소요대
청 평
리
(청 평 1 리)
전단
견성암터
견성암구역
▲5층석탑
나한전터 석대 부도
식암 상품 식암(적멸보궁)
선동암터 식암하폭
적멸대
이단폭포
선동구역
청평선동암벽
▲해탈문
양신암터
건물터 부도
서
서천구역
전
기우단
청평사 장지터
경내구역
요사 비작
와룡담폭포 문수원기(비작)
송대
선동교 물레방아터
영지구역
영지
석단 부도 석굴
세향원터
청평선방
정평루
3층석탑
성향원터
구송정터
구송폭포(상)
구송폭포(하) 구송대
▲거북바위
석단
구송폭포구역
범 례
유적
▲ 현대조성
옛길
0 10 50 100 M

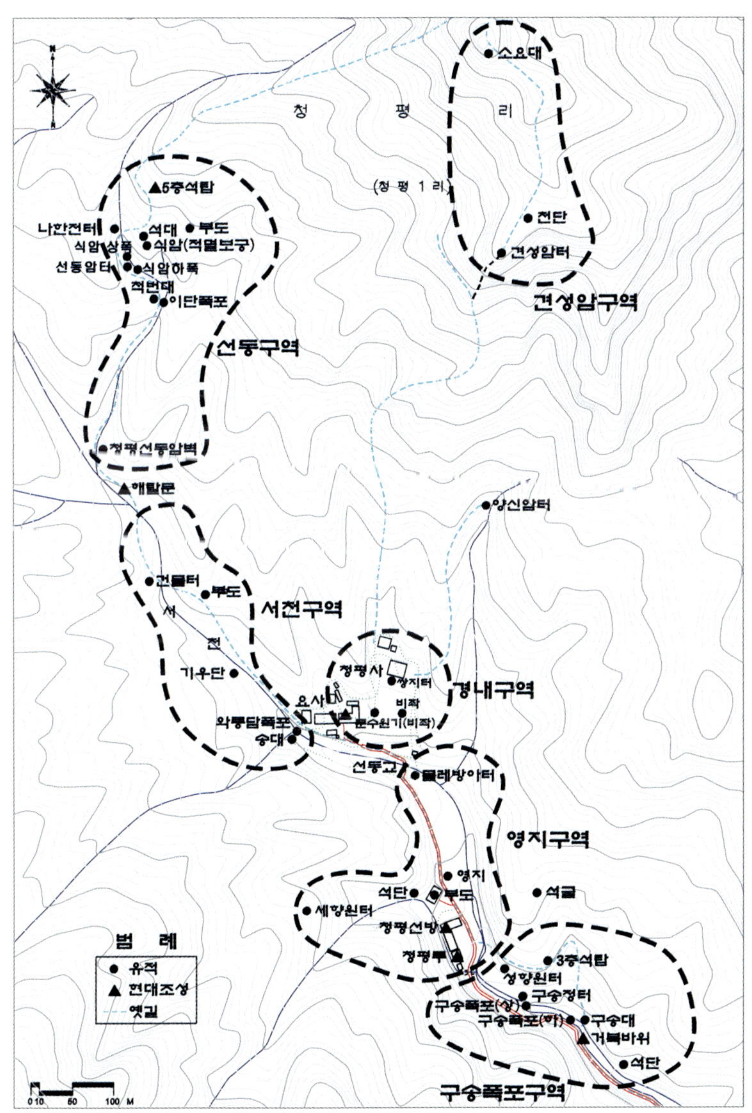

청평사 공간 배치도

구송폭포구역

구송폭포구역은 거북바위[1]를 지나 절 방향으로 22m 더 가면 구송폭포 하폭인 쌍폭이 나오는데 이 쌍폭과 그 위의 폭포인 구송폭포를 중심으로 한 구역이다. 각기 그 폭포 아래 소沼인 용담 및 반석(너럭바위)이 있다. 그리고 구송폭포 상폭에 구송정 터가 있고 하폭인 쌍폭 반석 동쪽에 구송대가 있다. 쌍폭 반석 서북쪽으로 옛길인 환희령 고개 중턱에 3층석탑이 있고 탑 아래 청평선방 방향으로 성향원盛香院 터가 있다. 이 구역을 벗어나 3층석탑 서북쪽 산록에 석굴[2]이 있다. 이 밖에 거북바위 아래 계천 건너 산록에 석단 옛터가 있다.

이 구송폭포구역의 폭포, 반석, 용담은 청평사 팔경의 경관요처로 높이가 8m인 구송폭포 상폭은 청평사 내 폭포 중 가장 크고 장관이며 하폭인 쌍폭(4m)과 더불어 이 일대에 폭포경관을 이루고 있다. 현재 구송폭포 구역은 일제강점기 때 계천을 따라 개설된 절로 진입하는 도로 중간에 있다. 그러나 원래는 아래 폭포인 쌍폭으로 내려가는 곳이 옛 청평사 진입구로써 절로 가려면 이 쌍폭 아래 반석을 지나 환희령歡喜嶺 고개를 넘어 청평사로 향했다. 이 환희령 고갯길이 근세에 와서 계천 옆으로 직통도로가 나기 전까지 1000여 년간 청평사를 드나들던 옛길이다.

구송폭포九松瀑布

현재 구성폭포九聲瀑布[3]라 부르고 있는데 『약헌유고』 등 옛 문헌에 보면 아래, 위 폭포를 한데 묶어 이단(이층)폭포, 형제폭포, 쌍폭(상·하) 그리고 구송폭

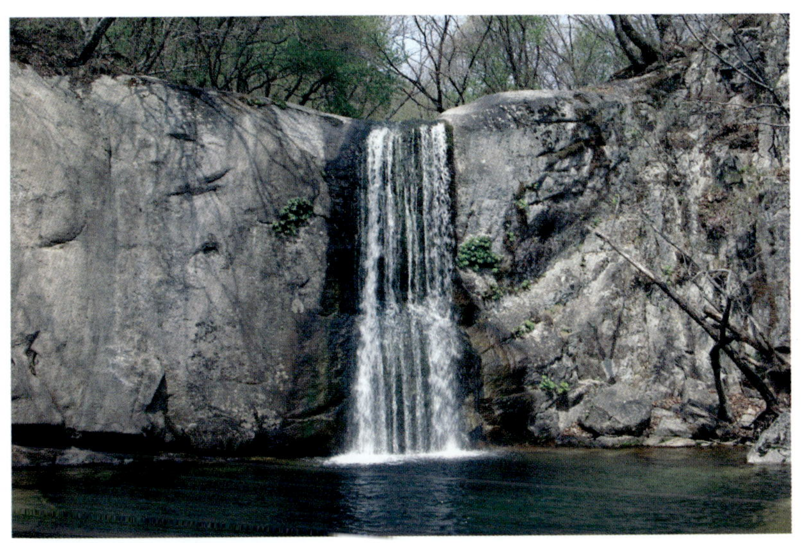

구송폭포九松瀑布 상폭 아래 쌍폭 주변에 소나무 아홉 그루가 심어져 있어 구송폭포九松瀑布라 불렀다. 그러나 현대에 와서 구송九松이 구성九聲으로 와전되어 현재 구성폭포九聲瀑布라 부르고 있다. 이 구송폭포 상폭은 갈수기에만 쌍폭으로 흐른다.

포九松瀑布 등으로 불렀다. 다만 다산 정약용[4]은 상폭을 구송정폭포, 하폭을 경운대폭포로 각각 불렀다.

　원래 아래 폭포의 반석과 구송대九松臺 사이에 아홉 그루 소나무가 자라고 있어 구송九松이란 접두어가 붙었다. 그런데 현대에 와서 아홉 가지 소리의 구성九聲으로 와전되어 구성폭포九聲瀑布라 잘못 부르고 있다.

　정약용은 『여유당전서與猶堂全書』 1집 7권 「천우기행穿牛紀行」(이하 『여유당전서』) '야숙청평사화동파반용사夜宿淸平寺 和東坡蟠龍寺'에,

"절 아래 구송정에는 이자현이 손수 심은 소나무가 있는데 이 구송은 지금도 녹음이 우거져 잘 자라고 있다."

"九松至今繁陰綠:九松亭在寺下 本李居士手植松"

라고 구송九松의 상징성을 설명하고 있다.

구송폭포 상폭은 갈수기에만 쌍폭으로 흐르지만 아래폭포는 항상 두 갈래로 흐른다. 현재 위의 폭포를 구성폭포, 아래폭포를 쌍폭이라 부르고 있다.

구송정九松亭

구송정[5]은 아홉 그루 소나무가 아래폭포에 심어져 있어 부쳐진 명칭으로 구송폭포 상폭 위의 계천 변에 그 정자 터가 남아 있다.

정시한(丁時翰 1625~1707)의 『우담집愚潭集』 11권 「산중일기山中日記」하(이하 『우담집』)에,

"구송정으로 다시 내려가 아래, 위로 떨어지며 흘러내리는 계곡물과 반석을 감상했다. 무척이나 맑은 기운이 스며나오는 기이한 경관으로 산중에서 실로 가장 빼어난 곳이다."

라 하여 정시한은 이곳 구송정이 있는 상·하폭포 주변을 청평사 내에서 가장 빼어난 경관처로 보았다.

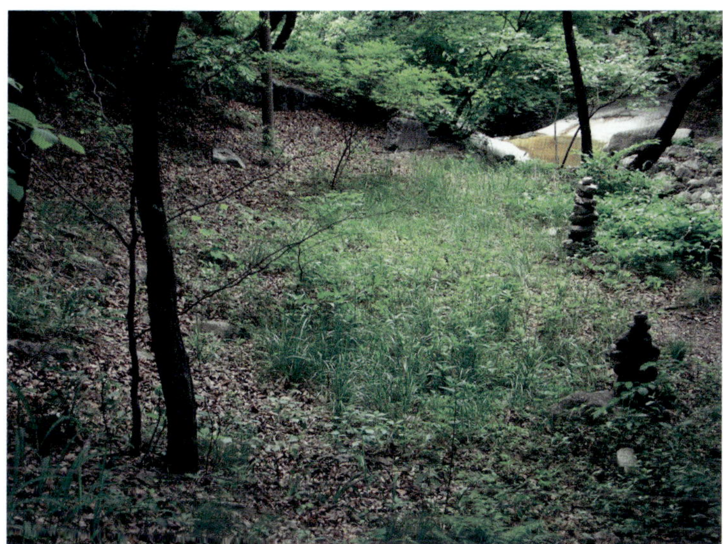

구송정터 정자 초석이 남아 있고 터 아래에 구송폭포 상폭 상부 암반이 보인다. 정약용은 이 상폭을 구송정폭포라 불렀다.

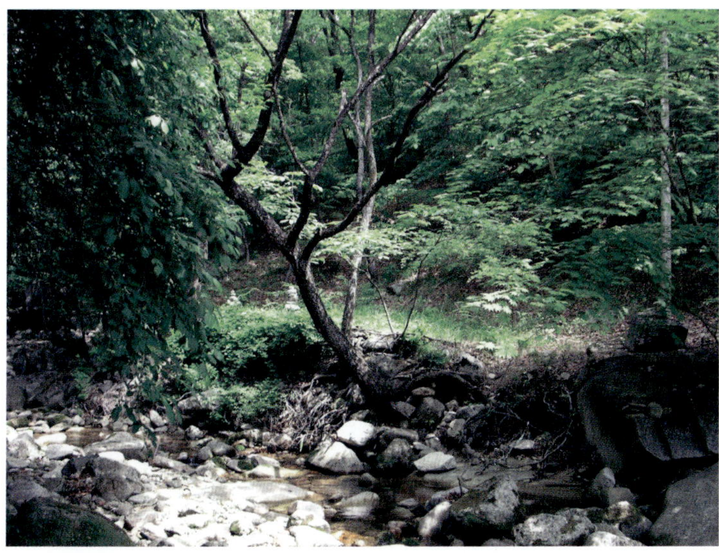

구송정터 전면

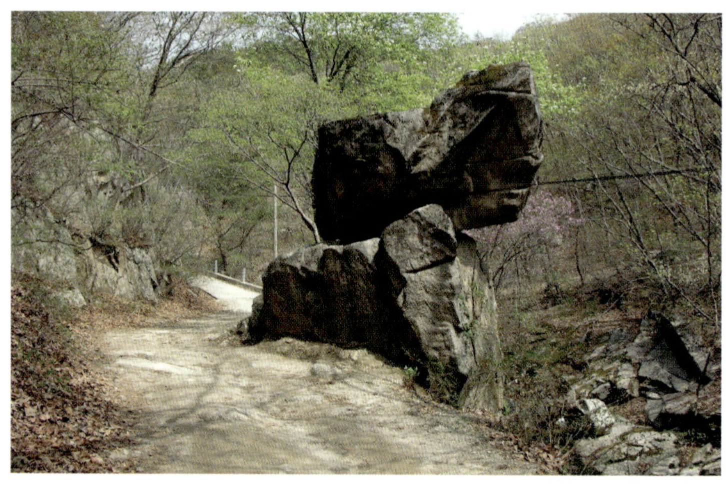

거북바위 이 바위를 지나 바로 쌍폭으로 내려가는 곳이 청평사의 옛 진입구이다. 이 바위는 높이 3.75m의 2층 바위로 도로 개발과정에서 생긴 암석이다.

정약용은 『여유당전서』 '청평사관폭사수淸平寺觀瀑四首' 구송정 폭포에,

하늘은 두 가닥 비단 띠를 드리우고	天垂雙鍊帶
산은 구송정 위로 솟아났다.	山出九松亭
갑자기 질풍같이 신선수레 날더니	飄忽飛仙駕
놀이하던 뜨락이 넓기도 하다.	平鋪演戲庭
급한 소리는 변괴 있나 근심케 하고	急聲愁變怪
남은 힘은 조절 잘 함을 보겠다.	餘力見調停
수풀에 바람 불어 기상이 쇄락해라	洒落風林氣
죄다 깨게 하는 군 묵은 취기를	渾令宿醉醒

라고 구송정과 폭포, 반석을 바라보고 느낀 모습을 담고 있다. 정약용은 이 상폭에 구송정이 있다 하여 구송정 폭포라 불렀다.

하폭 반석盤石

쌍폭 밑에 있는 반석은 청평사 내 가장 넓고 평평한 대표적인 너럭바위이다. 이곳 반석에서 손님을 맞거나 보내면서 잠시 쉬며 머무르는 데 유용하게 이용된 곳이다. 『허응당집』 「청평팔영」 '반석송객盤石送客'에,

용담의 쌍폭 아래에 돌이 있는데	龍潭雙瀑下
숫돌과 같이 평평하다.	有石平如砥
동남쪽에서 온 손님을 기분 좋게 보내기 위해	爲送東南客
하루 종일 놀아 주었다.	因遊十二時
봄이 저물어가니 꽃은 저절로 시들고	春歸花自老
구름이 나와 산봉우리에 두루 퍼져 있네.	雲出峀無私
적적함이 누가 나와 같겠는가?	寂寂誰同巳
산짐승만이 백아伯牙의 음악을 잘 이해하는	山禽是子期
종자기種子期와 같은 절친한 친구일세.	

라고 하여 쌍폭 아래 넓고 평평한 너럭바위에서 놀며 손님을 보내는 모습이 보인다. 또 『춘천읍지』 유숙柳潚의 「제영題詠」 '반석盤石'에,

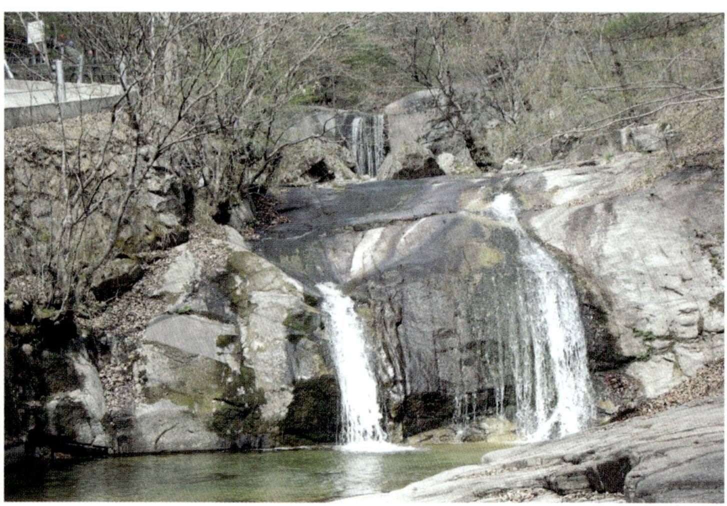

구송폭포 하폭과 반석 이 구송폭포 하폭인 쌍폭 아래가 옛 청평사 진입구로써 오른쪽 반석 위쪽으로 나있는 환희령 고갯길을 넘어 청평사로 갔다. 이 평평하고 널찍한 반석은 손님을 맞거나 보내고 하면서 잠시 머무르는 데 이용된 너럭바위이다.

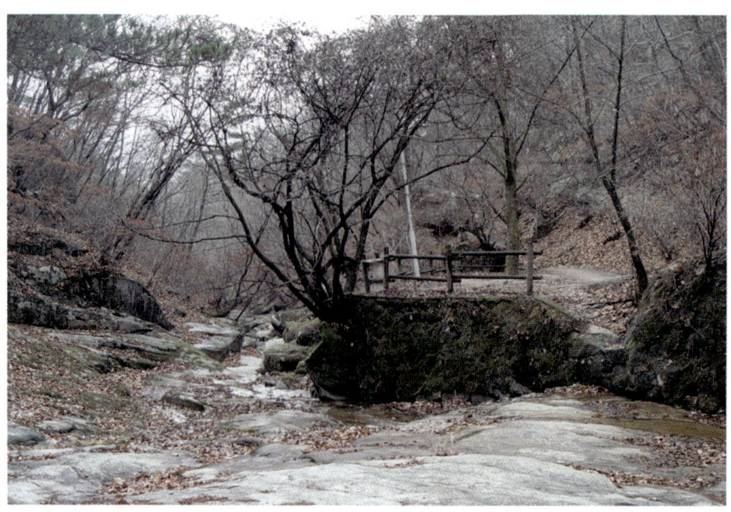

구송폭포 하폭 입구 옛 청평사 진입구로 엄황의 『춘천읍지』 「불우」 신흠申欽의 시에 보면 이 반석에 놓인 징검다리로 냇물을 건넜다.

소나무 그늘에 직접 누워 머물고	偃蹇松形直
비스름한 반석이 평평도 하구나.	盤陀石勢平
맑게 흐르는 물은 횡련색이요	淸流橫鍊色
날아 내리는 물거품은 옥을 부수는 소리라.	飛沫碎珠聲
지나는 객이 구름 사이에 앉고	倦客披雲坐
돌아가는 승려는 달을 쫓아가네.	歸僧趁月行
개울 위에 학이 편안도 하구나	丁寧溪上鶴
나는 다시 와서 맞이하였다 기록하리라.	記我更來迎

라 하였다. 평평한 반석 위로 구송의 모습이 보인다.

구송대九松臺

쌍폭의 반석 동쪽에 있는 인공대[6]로 '아홉 그루 소나무'가 주변에 자라고 있어 붙인 명칭이다. 구송대九松臺에 대한 기록으로는 『구당집』에 "돌을 쌓아 대를 만들었는데 10여 명이 앉을 수 있다."라고 했고, 서종화徐宗華[7]의 『약헌유고藥軒遺稿』 5권 「청평산기淸平山記」(이하 『약헌유고』)에서는 "구송대 위에는 아홉 그루 소나무가 있었는데 이중 한 주가 바람에 쓰러졌다."라고 했다. 그 후 한 주가 모자라 조선 후기 조인영의 『운석유고』에는 '팔송대八松臺'라 부르기도 하였다. 조선 중기 김상헌金尙憲[8]은 『청음집淸陰集』 10권 「청평록淸平錄」 (이하 『청음집』) 중에,

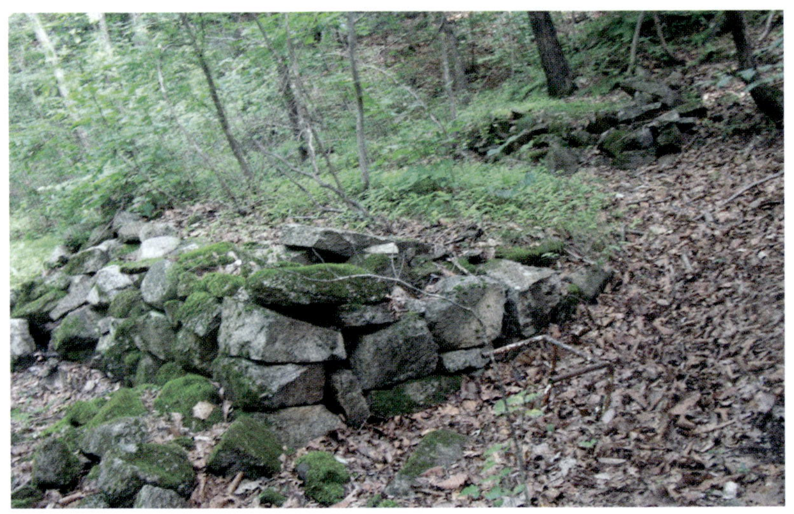

구송대九松臺 폭포경관을 보며 놀았던 곳으로 쌍폭 반석과 이 구송대 사이에 아홉 그루의 소나무가 있어 구송대란 명칭이 붙었다. 아래, 위로 2개의 축단이 남아 있다.

"송단(구송대)에 앉아 술잔을 서너 차례 돌렸다. 맑은 물과 반석 고목장송이 좌우로 펼쳐져 있었다. 때마침 비가 내린 뒤라 산꽃이 무성하게 피어오르고 물줄기도 더욱 힘차고 맑게 비춰 빛나니 이 또한 일대의 기이한 경관이다."

"座松壇酌數巡 淸流盤石長松古木列于左右 正値雨後山花盛開 水勢盆壯澄映 發揮 亦一奇也"

라고 하였다. 구송대에 앉아 주변의 아홉 그루 소나무와 폭포, 계류, 반석 등이 서로 어우러진 경관을 보며 즐겼다. 정시한丁時翰은 『우담집愚潭集』11권 「산중일기山中日記」하(이하 『우담집』)에서 "무척이나 맑은 기운이 스며 나오는 기이한 경관으로 산중에서 실로 가장 빼어난 곳이다."라고 하였다. 현재 구송 이 있던 곳에는 신갈나무 등 활엽수가 자라고 있다.

3층석탑

‘강원도 문화재자료 8호’로 지정되어 있는 석탑으로 이 3층석탑은 청평사로 가는 옛길인 환희령 고개 중턱의 암반 위에 세운 탑이다. 일반적으로 사찰의 탑은 중심 건물인 대웅전 앞에 있는데 이 탑은 절에서 멀리 떨어진 오봉산 자락이 뭉친 환희령 고개 중턱에 자리 잡고 있다. 이러한 탑을 비보탑이라고 하며 도선의 비보진압풍수인 비보사탑설에 연유하여 고려시대에는 전국적으로 비보탑이 성행하였다.

구사맹(具思孟, 11531~1604)의 『팔곡집八谷集』 2권 「청평산십오절淸平山十五絶」(이하『팔곡집』) ‘진산탑鎭山塔’에,

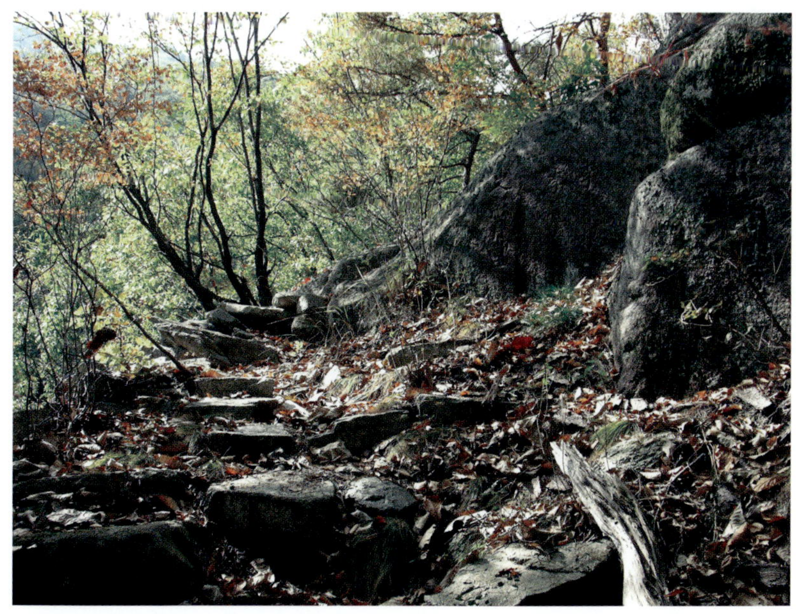

환희령 돌계단 및 암석 3층석탑 아래 환희령 고개(동↔서)의 돌계단. 돌계단 위, 아래로 길 따라 늘어선 여러 바위에 많은 암각문들이 새겨져 있다. 암석 위쪽에 3층석탑이 있다.

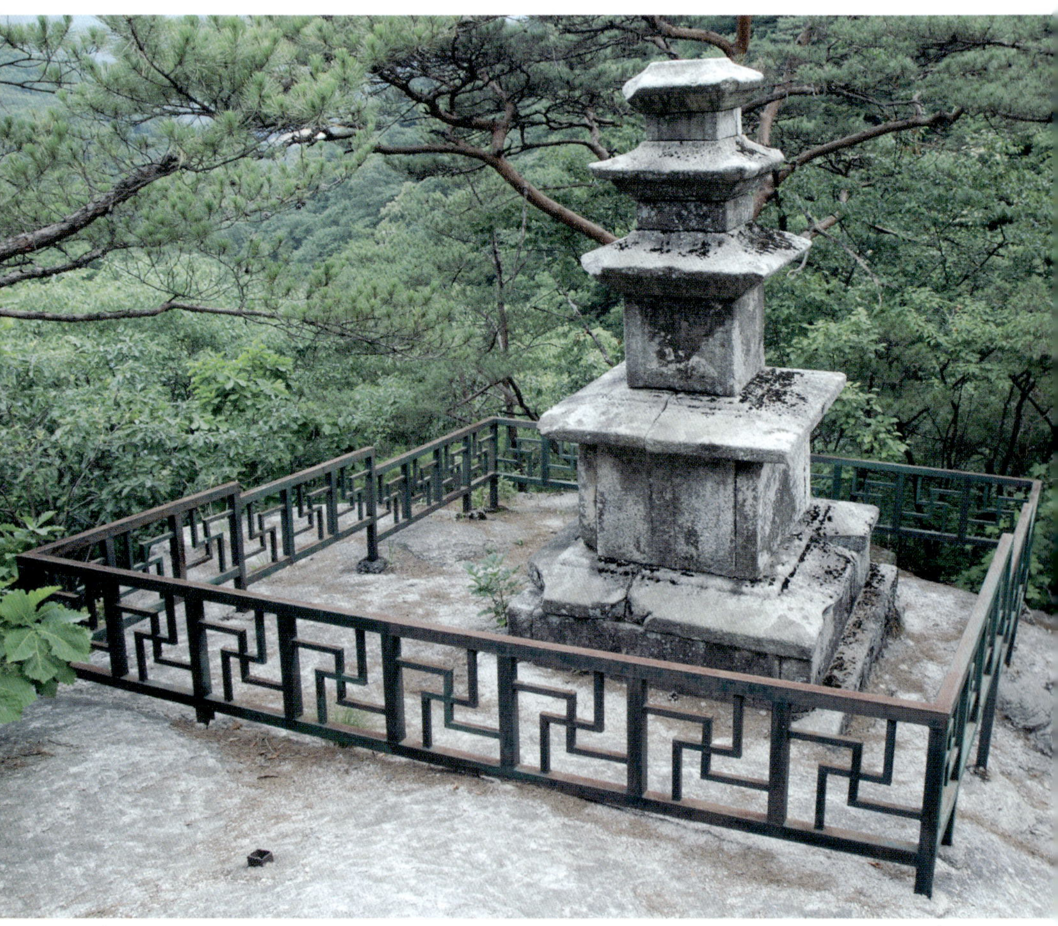

3층석탑 '강원도 문화재자료 8호'로 3층 탑신과 2층 기단구조로 된 통일신라의 석탑 양식을 띠고 있는 고려시대의 탑이다. 공주설화와 관련지어 공주탑이란 애칭으로 많이 부르고 있다.

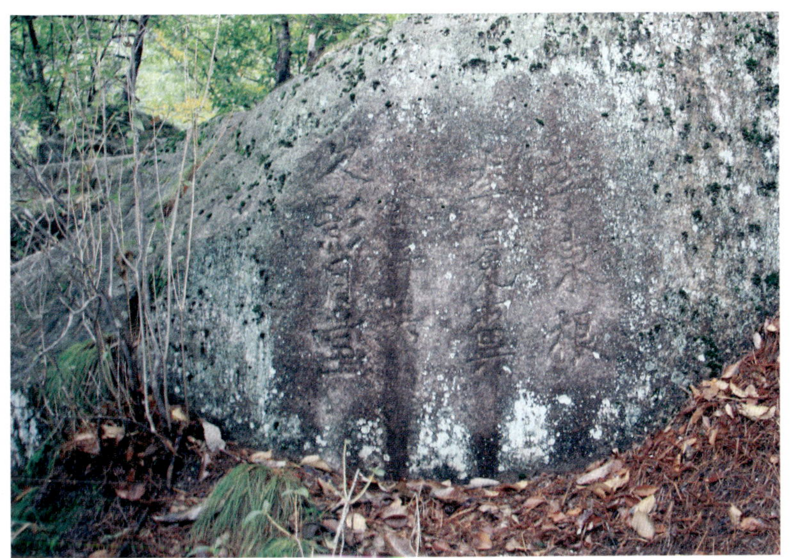

환희령 중턱의 암각바위1 환희령 중턱에는 암각문들이 청평사 내에 가장 많이 산재해 있다. 대개 별호別號와 당호堂號가 암각 되어 있다.

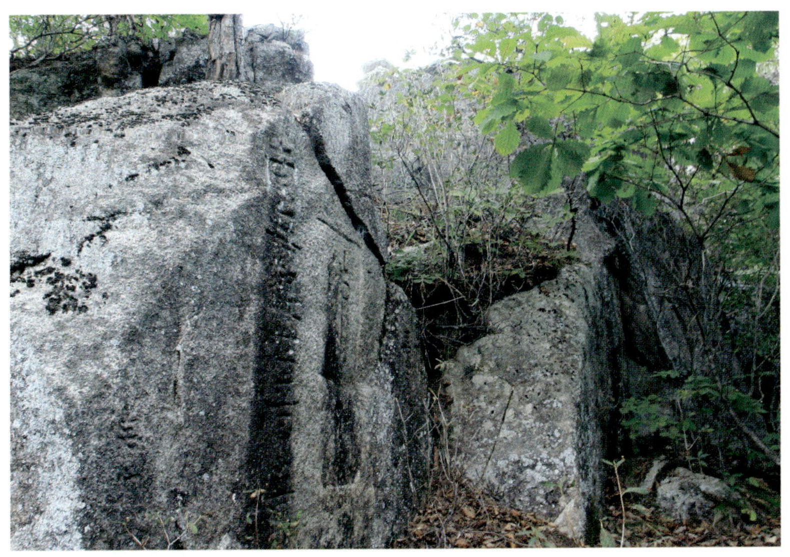

환희령 중턱의 암각바위2

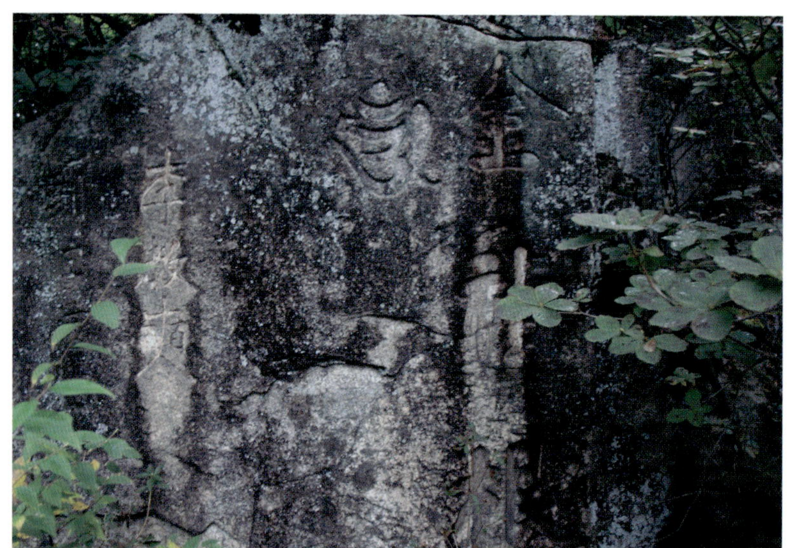

환희령 중턱의 암각바위3

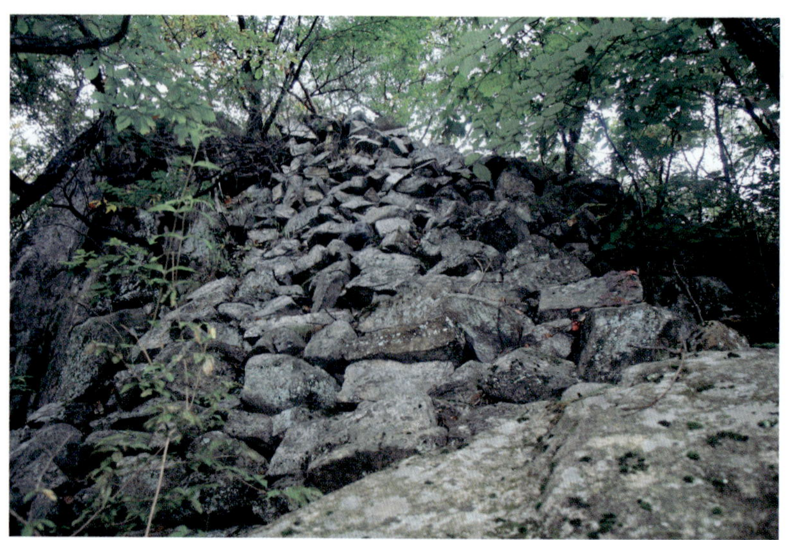

환희령 고갯길 정상 축석 이 축석 위의 오른쪽이 환희령 고개 돌계단이다.

<table>
<tr><td>산의 모양이 주위를 진압하고</td><td>山形鎭壓牢</td></tr>
<tr><td>탑은 바람과 연기로 둘러싸여 위협을 받네.</td><td>塔刦風煙匝</td></tr>
<tr><td>세상의 흥망성쇠와 상관없이</td><td>不管世興衰</td></tr>
<tr><td>높이 솟아 여러 해를 보네.</td><td>巍然閱幾臘</td></tr>
</table>

라고 구사맹은 이 3층석탑을 주변을 진압하기 위해 세운 비보탑으로 보았다. 현재 공주설화[9]와 관련지어 공주탑이란 애칭으로도 불리고 있다. 탑은 화강석 재료로 높이 3.1m이고 3층 탑신과 2층 기단 구조로 된 통일신라의 석탑 양식을 띠고 있는 고려시대의 탑이다. 탑의 꼭대기를 장식하는 상륜부는 없어져 탑신석은 새로 만들었고 위, 아래층 기단과 탑신의 몸돌에는 기둥 모양을 새겼다. 옥개석은 네 모서리가 들려 있어 날렵한 감을 주며 밑면에는 4단의 받침을 두었다.

성향원盛香院

서종화의 『약헌유고』에 3층석탑에서 수십보 거리에 성향원 옛 터가 있으며 이 터에서 서북쪽 40보 거리에 첫번째 다리가 나온다 하였다. 이 성향원 터가 3층석탑을 지나 아래 계천 사이에 남아 있다. 이 첫번째 다리는 환희령을 넘어와 계천을 건너던 현재 청평선방으로 연결되는 다리였다. 성향원 남서쪽 반대 방향에 세향원細香院이 있어 대조적이다.

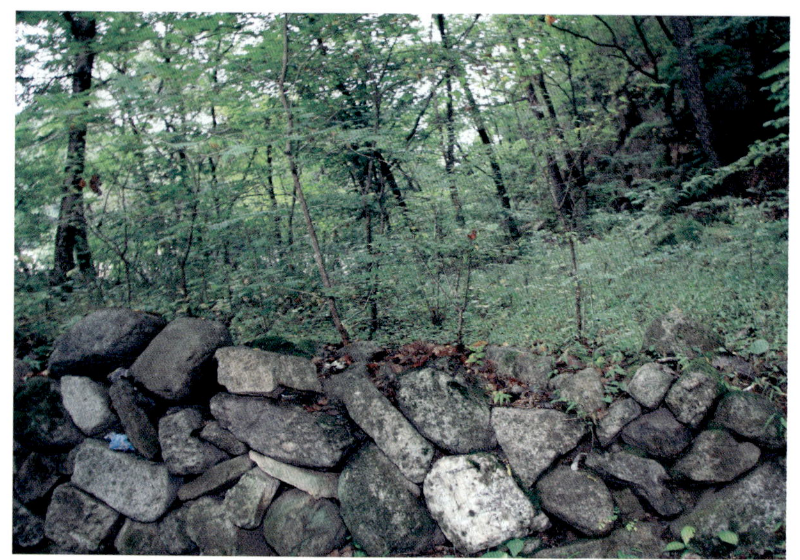

성향원터

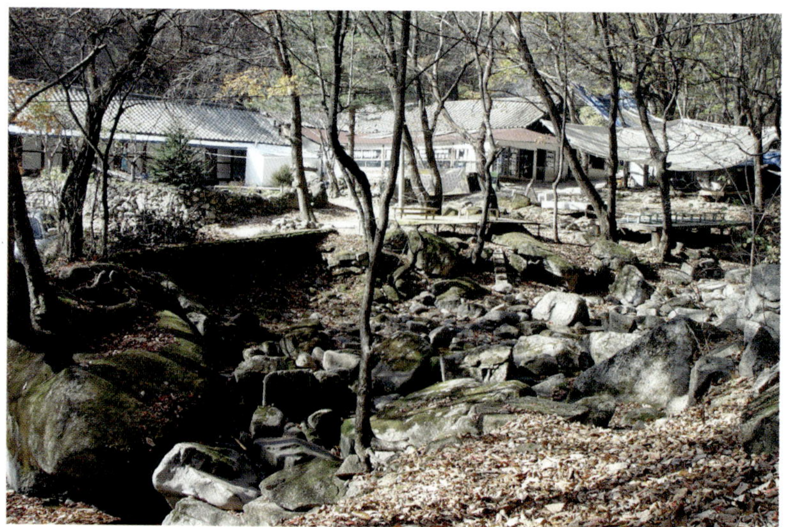

제1교 터 환희령에서 내려와 서천 하류를 건너던 첫번째 다리가 있던 곳이다. 청평사에는 제1교와 제2교가 있었다. 제2교는 현 선동교이다.

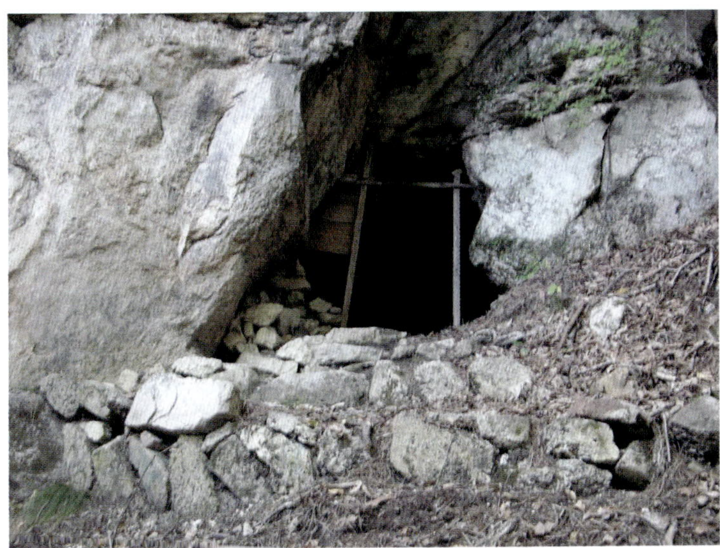

석굴 현재 관음굴이라고도 부르며 3층석탑 서북쪽 산록에 있다. 「청평사지」에 의하면 원래 이 굴 안에는 창건 시 석불과 목불 등 불상이 보관되어 있었다.

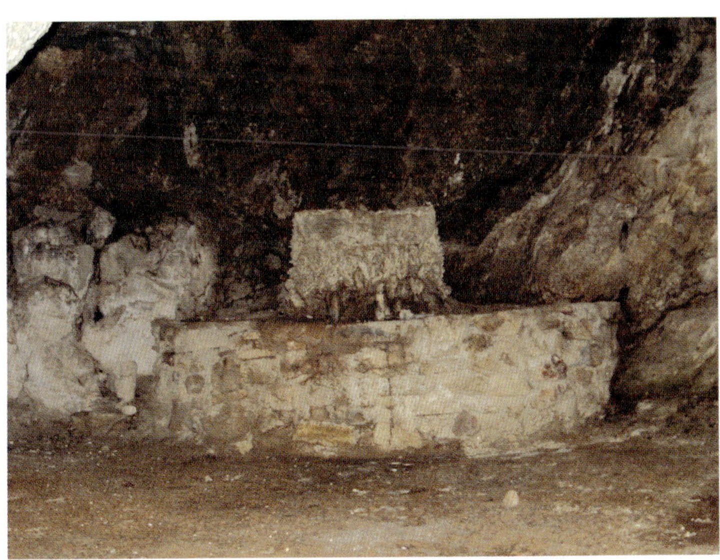

석굴 내부

영지구역

이 구역은 구송폭포구역을 지나 청평사 경내로 들어서기 전 선동교 사이 영지를 중심으로 한 구역이다. 영지를 비롯해 매월당 김시습이 은거한 세향원細香院 터, 나옹대사가 복을 빌던 복희암福禧庵[10] 터, 물레방아 터, 부도 그리고 현대에 와서 세운 청평선방과 그 마당에 청평루가 있다. 이밖에 부도에서 세향원 쪽으로 오르면서 서남쪽에 여러 개의 석단이 남아 있다.

영지影池

한국 전통 연못의 원형을 지닌 보기 드문 고려시대 연못이다. 이자현이 문수원을 조성할 때 축조된 연못으로 보고 있으며, 조선시대에 보우와 환성 지안에 의해 두 차례 영지를 크게 수리한 기록이 있다. 조선 초 김시습(金時習, 1435~1493)은 『매월당시집梅月堂詩集』 13권(이하 『매월당시집』) 「자목당赭木塘」 시에서 영지 주위로 주목이 식재되어 있다 하여 연못 이름을 주목을 뜻하는 '자목당赭木塘' 이라 불렀다.

이 주목은 고려 말 나옹(懶翁, 1320~1376)대사[11]가 심었는데 현대에 와서도 일부 살아남아 있었다. 보우는 절 남쪽에 있는 연못이라 하여 영지를 '남지南池' 라고 했으며 조선 중기부터 '영지' 로도 부르기 시작하였다.

『매월당시집』 「제청평산세향원남창題淸平山細香院南窓」 시 중에,

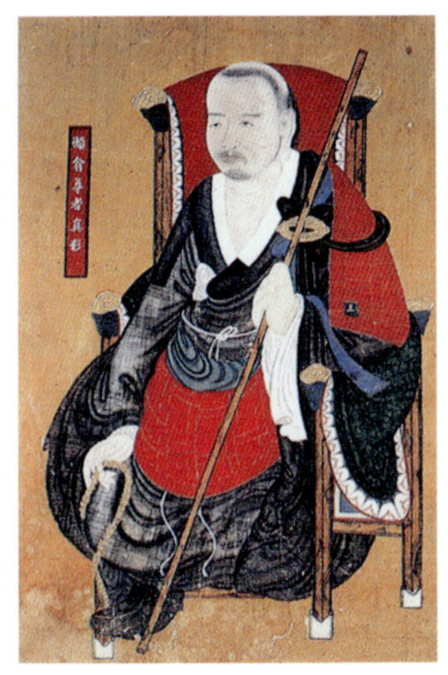

나옹 진영 (남상사 소장)

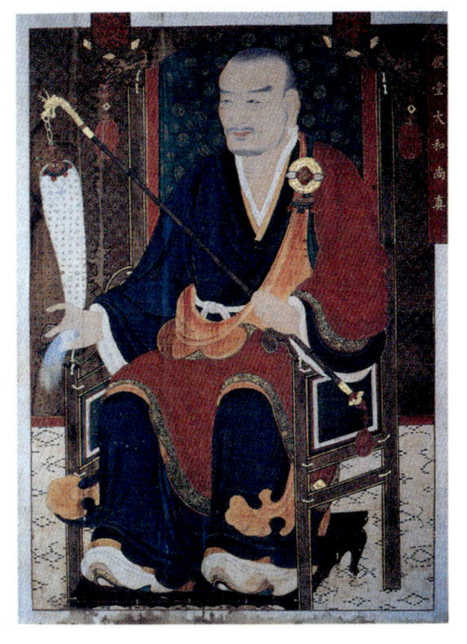

환성 지안 진영 (통도사 소장)

네모난 못엔 천층의 봉우리들이 거꾸로 꽂혀 있고　　　　方塘倒插千層岫

절벽에선 만길 물소리가 곤두박질쳐 날아드네.　　　　絶壁卉飛萬丈湸

이것이 바로 청평산의 신선지경 취미인 걸　　　　　　此是淸平仙境趣

모름지기 보지도 않고 이러쿵저러쿵 물을 것인가?　　何須喇喇問前蹤

라 하였다. 김시습은 멀리 떨어진 견성암봉이 네모난 영지에 비추이는 것을 매우 신기하게 느꼈다.

보우의 『허응당집』 「청평팔영」 '남지조영南池照影'에,

가지와 잎이 무성한 박달나무 아래에　　　　　　　　　扶踈檀樹下

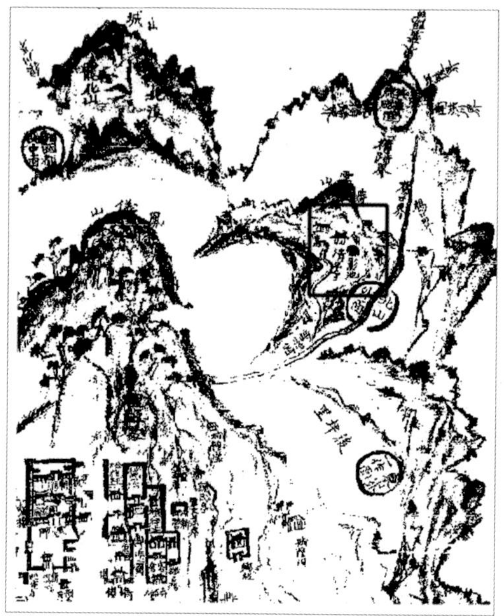

춘천읍지의 청평사

엄황(1580~1653)의 춘천읍지 고지도
에 경운산慶雲山 아래 청평사 '영지'
라고 표기되어 있다.

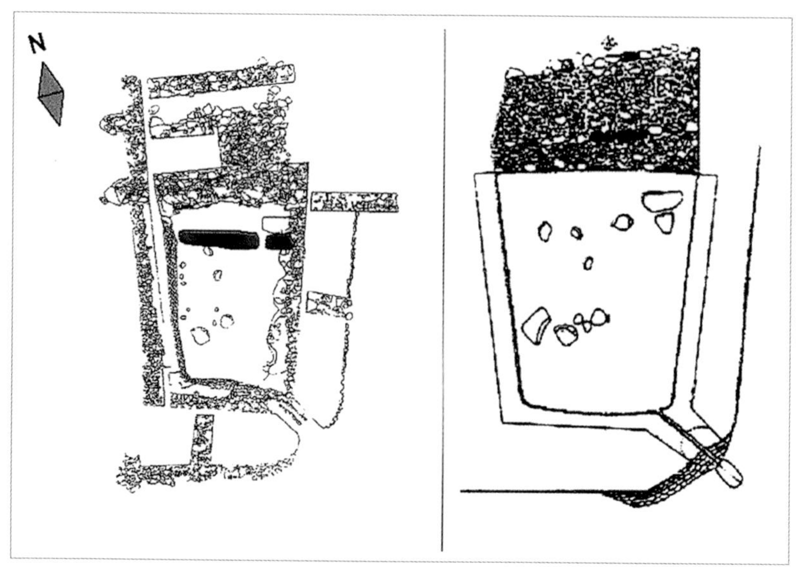

영지 복원 전(왼쪽)과 복원 후(오른쪽) (자료: 문화재 20호)

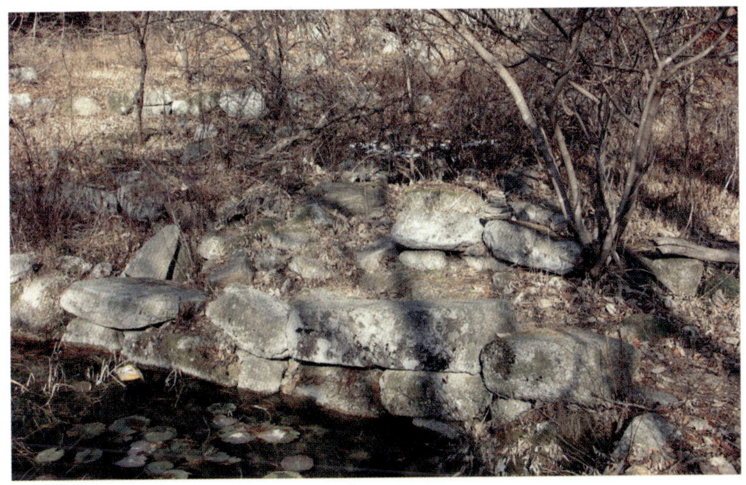

영지 입수 유입 석단 영지 북변 위로 자연석을 중첩되게 지하로 깔고 4단 석축을 10.5m 길이 쌓았다. 이 석단은 유입수가 북측 호안 석숙 밑으로 스며들어 영지 수면 밑에서 솟아오르도록 되어 있다.

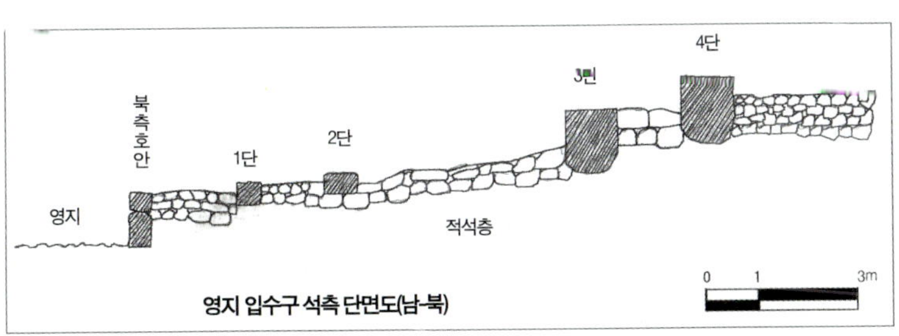

고경古鏡같은 남지가 매우 밝도다.	古鏡十分明
그림자가 움츠러드니 두터운 눈썹이 주름 잡히듯 하고	影蹙厖眉皺
결이 이는 찬 물길은 뼈처럼 깨끗하구나.	波寒道骨淸
연못은 사람을 쫓아 이미 정갈해지고	池從人旣淨
마음은 물을 얻어 다시 평정되었다.	心得水還平
누가 육근六根과 육진六塵의 경계를 분별하겠는가	誰別根塵界

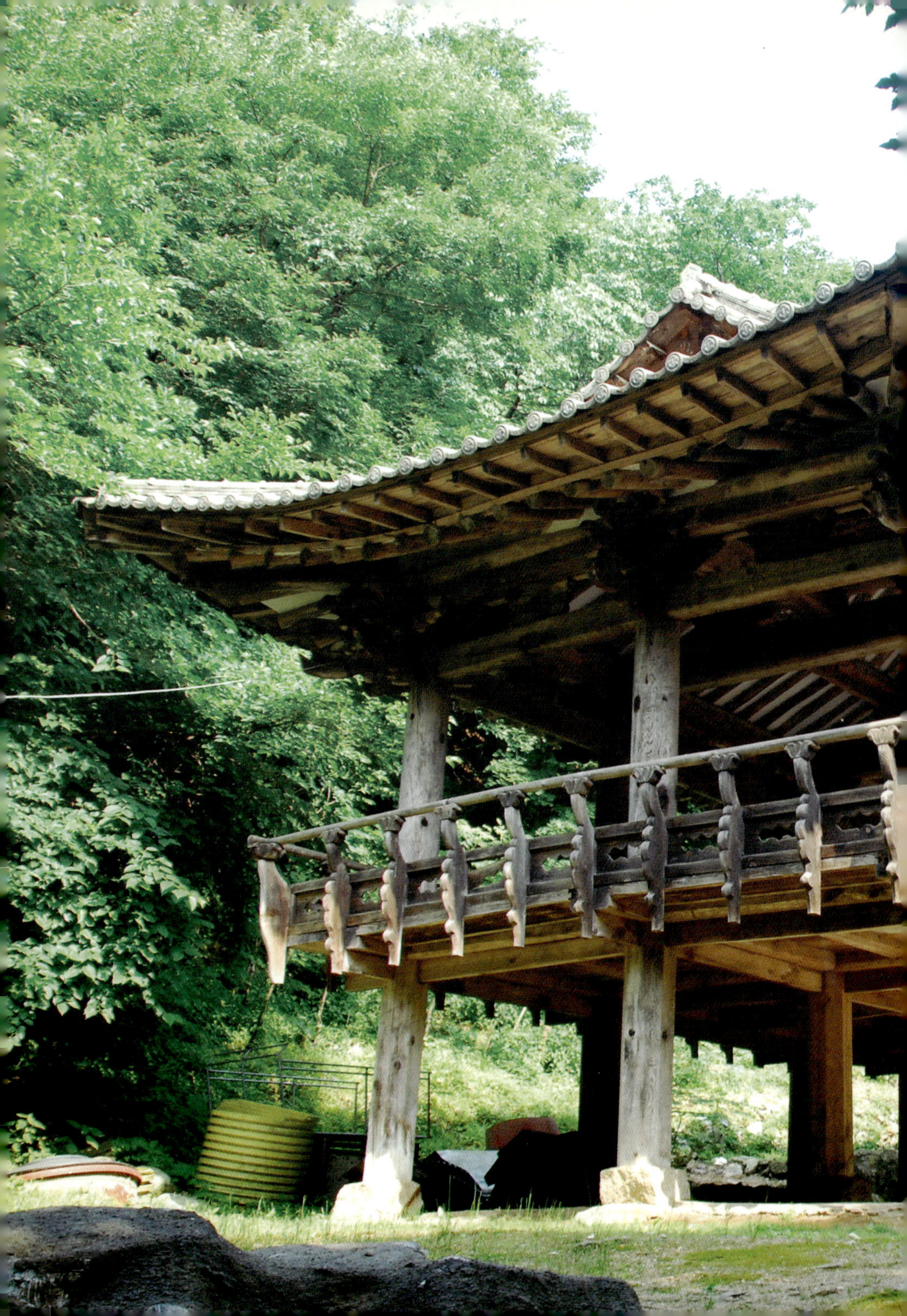

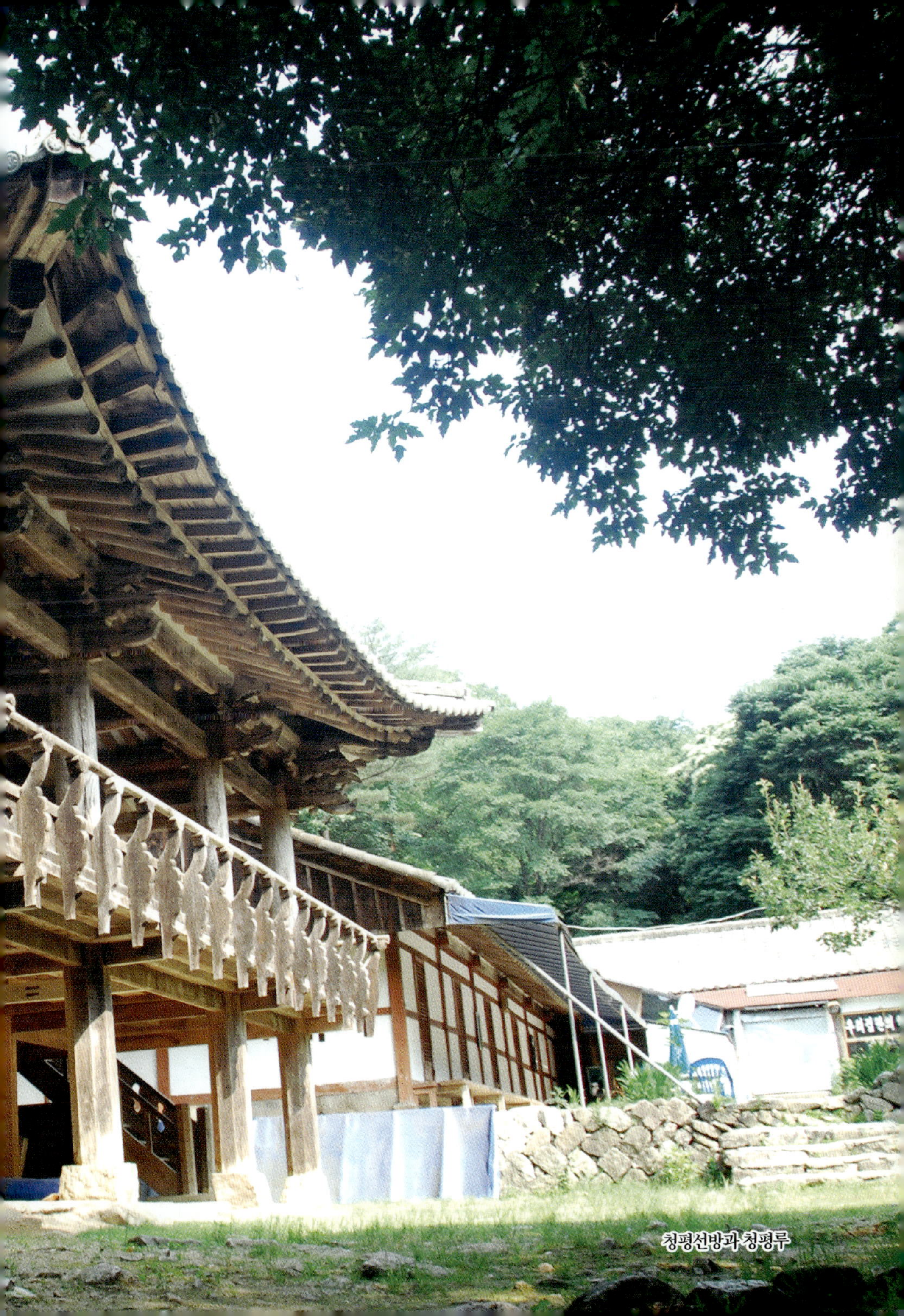

청평선방과 청평루

모두 물아物我의 마음을 잊는다.   都忘物我情

라 하여 마치 거울[古鏡]같은 남지(영지)에 비친 만상萬象과 정갈한 연못을 보면서 마음의 평온을 찾았다. 이 시는 보우가 남지(영지)를 개축하기 전에 지은 시로 보이며, 이후 남지를 상·하구조로 고친 후에 '쌍지' 시를 지은 것으로 추측된다.

구사맹의 『팔곡집』 '영지影池' 에도,

방형의 거울(영지)은 먼 봉우리를 찍어내고   方鏡印遙岑

거의 가는 털과 모발과 같이 작은 것도 사실과 다름이 없네. 略無毫髮爽

곧 근심스럽게 반백의 머리를 비추니   仍愁照二毛

감히 연못에 임하여 즐거이 볼 수 없네.   不敢臨池賞

라 하여 선명히 비추이는 영지의 모습을 담고 있다.

이 연못 형태에 대해 박장원의 『구당집』에는 "네모난 형태는 땅을 본뜬 것이다."라 하여 "하늘은 둥글고 땅은 네모나다."는 '천원지방天圓地方' 사상이 영향을 주었음을 보여주고 있다.

조인영의 『운석유고』에 의하면 연못의 깊이는 한 자(30㎝)도 채 안 된다 하였다. 또 영지의 수원에 대해 "영지의 표면으로 샘이 용솟았고 연못의 물이 가뭄과 홍수에도 불어나거나 줄어들지 않아 더욱 기이하다.至影池 … 泉涌池面 … 且此池水曾不加損於旱潦尤可異云"고 하였다. 영지 남쪽 호안 서편 석축 모퉁이에 이 한

자 정도의 수위에서 물이 일정하게 출수구로 빠져나가도록 되어 있다.

연못의 수원은 이와 같이 자연적으로 솟는 샘물과 북측호 안에 복류伏流되어 흘러들어오는 물을 이용하도록 하였다. 연못 바닥은 맨 위에 고운 모래층을 쌓고 그 밑으로 진흙층과 다시 왕 모래층을 깔아 수원을 유지하고 정화하도록 만들었다.

연못 안에는 5개의 크고 작은 돌이 놓여 있는데 이 수중석들은 연못에 비치는 암봉의 그림자와 잘 어울려져 한 폭의 산수풍경을 이룬다.

영지의 투영미에 대해 서종화의 『약헌유고』에는,

"바람이 맑게 파도 치듯 불어 봉우리를 주름잡으며 초목이 모두 동요하는 그 광경이 황홀하여 도저히 표현해낼 수 없을 정도였다."

"而風至澄波熨皺峯巒 草木皆動搖 光影恍惚殆不可狀"

라고 하였다. 또 정시한의 『우담집』에는,

"봉우리와 바위가 깎아지른 듯 서 있고 산의 암자가 못에 또렷이 비추이는 것이 마치 그림 같다."

"邊峯巒石壁 山庵倒影池中 歷歷如畫"

라고 하였다.

영지 명칭에 대해 박장원은 『구당집』에 "견성암에서 승려가 금란가사金襴

袈裟를 입고 종을 울리며 예불을 드릴 때 그림자가 가장 기이하며 영지影池라 이름된 것도 본디 이 때문이다."라고 했다.

영지는 멀리 절 북쪽 암봉에 세운 견성암과 그 주변의 암석, 초목, 승려가 예불하는 모습 등이 선명하게 연못에 그대로 비추어 마치 한 폭의 그림을 보는 것처럼 매우 아름답고 신기하게 느꼈다.

영지는 1986년 복원되기 전까지 연못 내 작은 둑이 설치된 상·하지구조의 쌍지 형태였다. 이 영지를 복원하면서 연못 내 둑을 제거하여 단일지單一池로 되었다. 그러나 이 복원 전 둑이 있던 상·하지구조가 이미 조선시대에 있던 연못 형태였다는 근거가 『허응당집』, 『환성대사문집喚惺大師文集』, 『청음집』 등에 남아 있다.

보우의 『허응당집』 「제쌍지題雙池」 시 중 영지의 개축에 대해,

땅을 파서 옥경(연못)을 새롭게 여니 맑아져　　　　　　　鑿池新開玉鏡淸

하늘의 빛과 산 그림자가 연못에 확실히 비친다.　　　　天光山影照分明

(중략)

어떻게 이 쌍지의 물을 틔워　　　　　　　　　　　　何當決此雙池水

두루 천지에 뿌려 생물을 윤택하게 할 수 있을까.　　　普洒乾坤潤物生

라 하여 보우 때 영지의 투영효과를 높이기 위해 새로 상·하지구조의 쌍지로 개축한 것을 알 수 있다. 또 『환성대사문집』 「환성화상행장喚惺和尙行狀」에 환성喚惺[12]이 이 연못을 수리한 기록이 있으며 이때 영지를 가리켜 상·하

복원 전 영지 상 · 하지구조(1984)
연못 내에 작은 둑이 설치되어 상지와 하지로 나누어져 있다. 하지下池는 본 못이고 상지上池는 유입수의 정화, 수 면 및 유속 조절 등 연못 기능을 위한 보조시설로 설치했다.

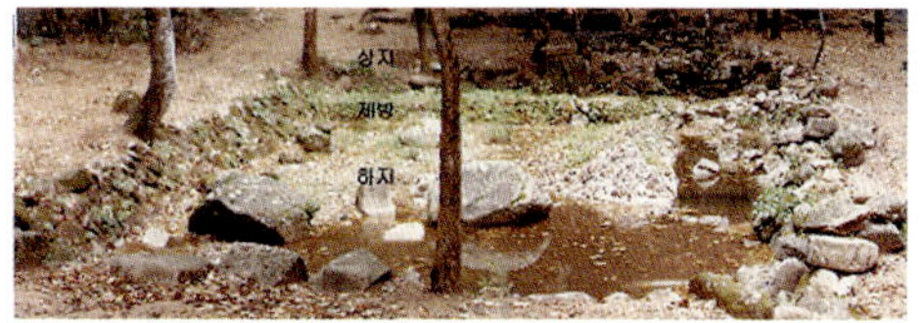

복원(1986) 후 영지
청평사 북쪽 견성암이 있던 봉우리 일대가 연못에 거꾸로 비치는데 현재 소나무가 자라 산록 일부를 가리고 있다. 영지는 사다리꼴 형태로 오후에 투영효과가 선명하게 나타난다.

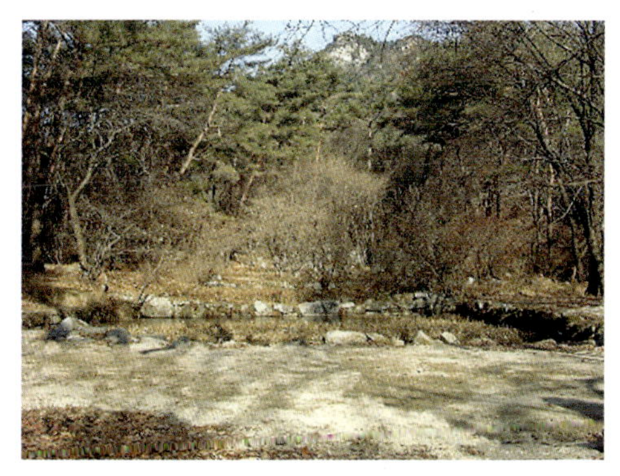

구조인 쌍연雙淵이라 하였다. 보우 직후의 인물인 심상헌의 『청음집』에 의하면 "연못 양쪽 모퉁이에 돌로 둑을 쌓아 물을 막았다.池之兩隅 築石堰水" 했는데, 이 둑[13]이 1986년 단일지로 복원되기 전 남아 있었다.

또 보우의 「제쌍지題雙池」 시 중에,

여덟 팔자 사각형 모양의 연못은 거울처럼 맑아	八字方塘鏡共淸
어찌 한나라의 황실에만 홀로 곤명지가 있겠는가.	漢皇何獨有昆明
(중략)	
천 개의 봉우리가 거꾸로 꽂히는 것은 우리네의	千峯倒揷非吾意
뜻이 아니고	

우리네의 뜻은 매우 푸르른 봄풀이 돋아나는 데 있다.　　**意在靑靑春草生**

라고 해 영지의 사다리꼴의 연못 형태를 '여덟 팔자八字'에 비유하고 있다. 영지의 북쪽이 넓고 남쪽을 좁게 한 것은 남쪽 지점에서 투영미를 감상할 때 영지가 동일한 폭으로 보이도록한 원근착시현상을 응용한 것이다. 복원 전 쌍지 때의 영지의 북변은 12m, 남변이 8m인 사다리꼴인데 복원 후에는 북변이 14.6m 남변이 11.5m로 커졌다.

영지에 비친다는 절 뒤 견성암봉은 영지에서 직선거리로 770m 떨어져 있고 연못에서 견성암봉을 올려다 본 앙각은 28°이다.

영지는 연못 남쪽에서 북쪽 수면을 바라보아야 바르게 보이며 오전보다 오후에 그 반사효과가 높게 나타나 영지의 선명한 투영미를 즐길 수 있다. 현재 연못 북변의 소나무가 크게 자라 절 뒤 암봉 일대의 투영범위가 점점 좁아지고 있다.

영지 명문銘文바위

영지 남쪽 바로 2m 아래 높이 1.8m 바위 윗면에 암각문이 새겨져 있다. 이 암각문은 예로부터 오도송悟道頌이라 불리어 왔다. 첫 두 행은 원효가 당에 유학하러 가는 도중 비를 피하여 쉬었던 토굴이 이튿날 깨어보니 옛 무덤이었음을 깨달은 뒤 읊었다고 하는 오도송과 흡사하다. 신종원(1989)은 원효의 대승기신론大乘起信論의 게송偈頌을 본 따 작품화한 것이라고 하였다. 암각문 끝 구절 두 자가 마모가 심해 확인이 어렵고, 언제 누가 이 게송을 지었는지는 알

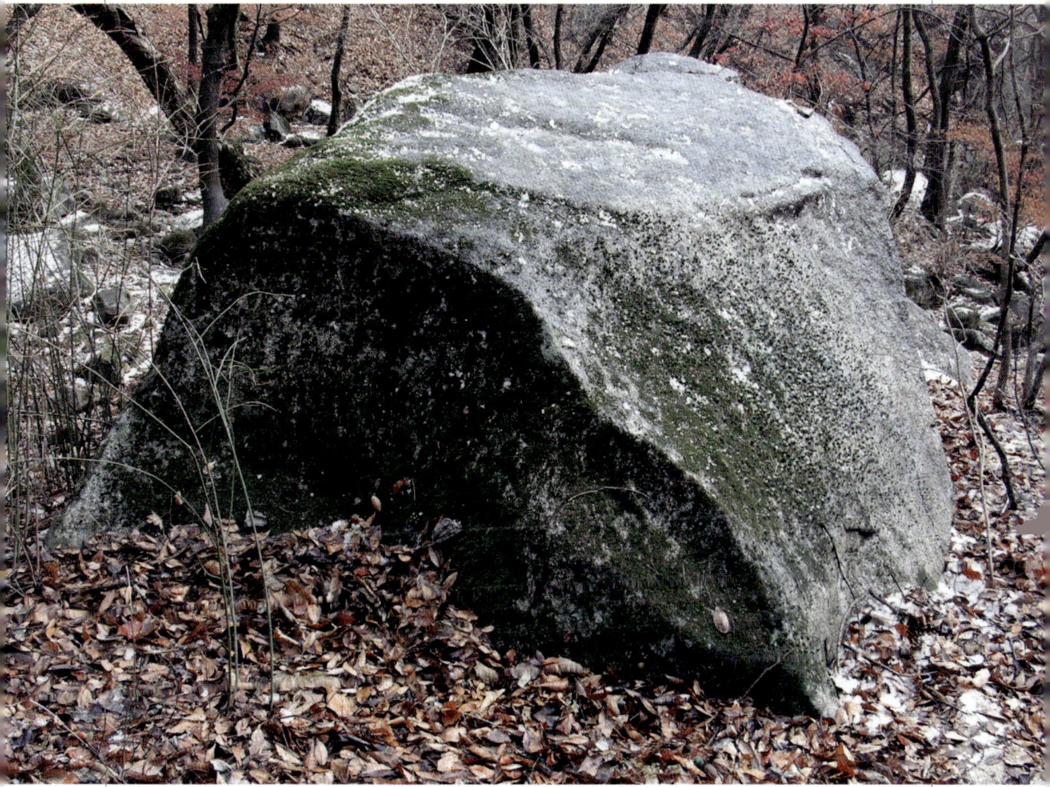

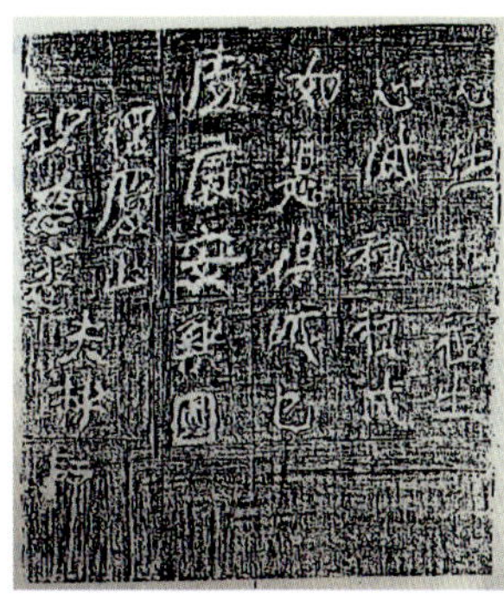

영지 명문銘文바위 부처의 공덕을 찬미하는 게송偈頌이 바위 위에 새겨져 있다.

영지 명문바위 탁본(자료:강원 사학)

수가 없다. 이 암석에 새겨진 명문銘文 내용은 다음과 같다.

욕심이 나타날 때 욕심에 물든 대상은 나타나며 　　　心生種種生

욕심이 사라질 때 욕심에 물든 대상은 사라진다. 　　　心滅種種滅

이와 같이 모두 멸하고 나면 　　　如是俱滅已

어느 곳이나 안락국이니라. 　　　處處安樂國

□경산 축자□ 대선사 　　　□慶山 祝慈□ 大禪師

영지 변에 이 게송을 새겨 둠으로서 영지에 비치는 삼라만상과 정화된 맑은 연못을 보고 깨우치라는 불도佛道의 가르침을 전해주고 있다.

세향원細香院

서향원瑞香院이라고도 불렀으며 『유점사본말사지榆岾寺本末寺誌』 「청평사淸平寺」(이하 「청평사지」) '연혁沿革' 에 의하면 매월당 김시습이 1466년에 새로 지어 거주하였다. 세향원은 김상헌의 『청음집』에 절 남쪽에 있다 했고 엄황의 『춘천읍지』에는 영지 서쪽 골짜기에 있다 했다. 현재 영지에서 서남쪽 방향 직선거리 151미터 떨어진 산록에 세향원 터가 남아 있다.

복희암福禧庵

「청평사지」 '연혁' 에 의하면 복희암[14]은 이자현이 건립한 8암자 중 한 암자이다. 또 '잡록' 에 "절 남쪽 1리에 있으며 나옹이 복을 빌던 곳" 이라 하였다. 현재

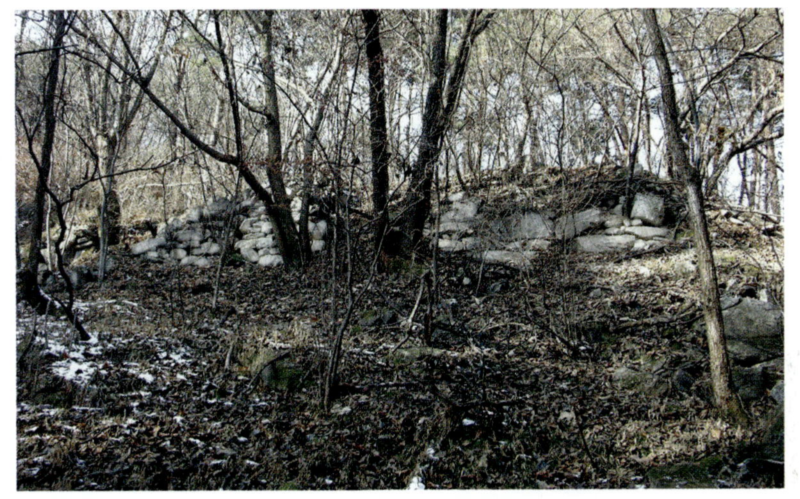

세향원 터 영지 서남쪽 산록에 위치하며 조선 초 매월당 김시습이 은거한 곳이다.

청평식암 부근에 암자가 있었던 것으로 추정된다.

물레방아水碓

구사맹의『팔곡집』「청평산십오절」'수대水碓'에,

나무를 갈라 다듬이 모양으로 만들어	刳木作砧形
내의 물을 끌어 그 배(윗부분)에 물을 대었네.	引川注其腹
이로 인하여 물이 가벼이 부딪쳐 아침, 저녁으로 소리를 내나	伊戛響朝昏
긴 절구는 곡식을 빻지 않네.	長舂游手穀

라고 통나무를 파서 물을 끌어들여 수레가 돌아가게 하는 모습이 보인다.

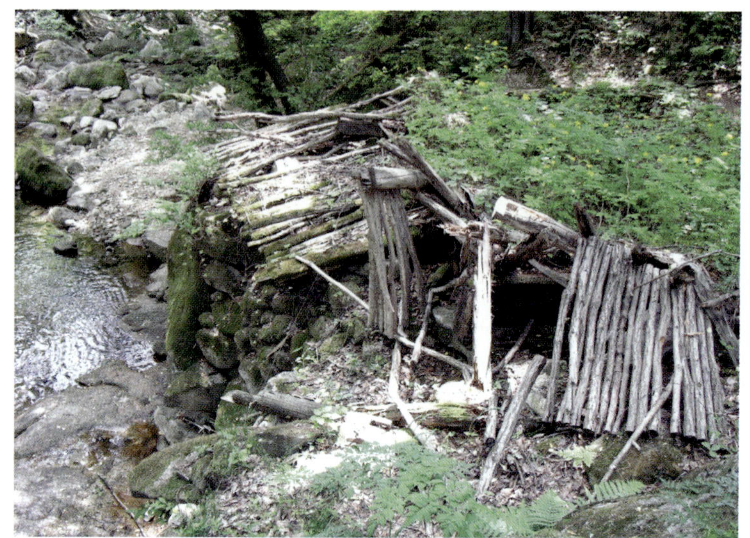

물레방아 터 선동교 아래 계천 변에 남아 있는 물레방아 터. 이곳에 디딜방아가 최근까지 있었다.

부도

영지 남쪽 아래에는 진락공 이자현의 부도[15]로 부르고 있는 고부도와 1990년에 입적한 각산당覺山堂 석진대화상石眞大和尙 부도 2기가 있다. 이 고부도가 진락공 이자현의 부도란 근거는 찾을 수 없다. 이 고부도는 원래 정방형의 탑신석이었으나 분실되어 다시 고친 부도로 방형의 지대석에 하대석을 간략화시켜 팔각의 납작한 단을 이뤄 놓고 사각의 중대석을 쌓았다. 상대석은 원형으로 중판 연화문蓮花紋을 조각하였고, 탑신은 둥근 형태이며 그 위에 팔각형 옥개로 되어 있다. 탑신석이 분실되기 전 부도의 높이는 1.3m이었으나 현재는 2m로 커졌다.

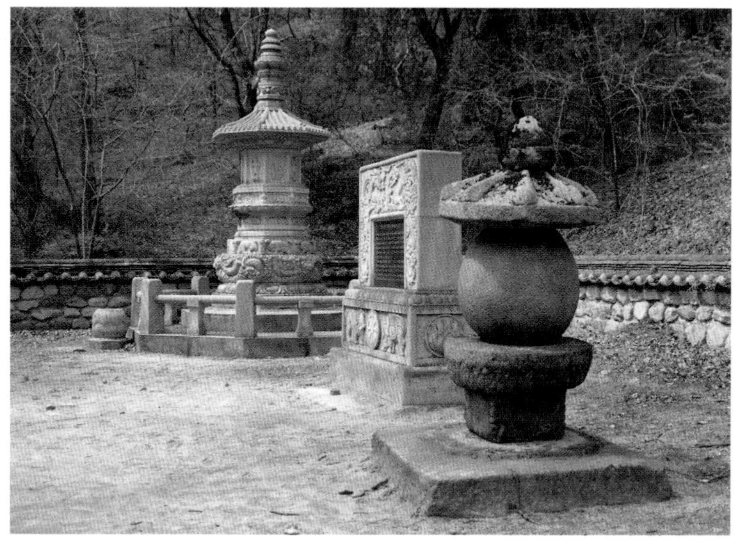

부도 오른쪽 부도가 고부도이고, 왼쪽은 1990년 입적한 석진대화상 부도이다

청평루 淸平樓

엄황의 『춘천읍지』에 "청평루에 나옹대사의 지팡이가 보관되어 있다." 하였으며 「환성대사비명」에는 "누 아래 영지가 있다한 것"으로 보아 절과 영지 사이에 청평루가 있었던 것으로 추정되나 그 터는 발견되지 않고 있다. 1984년에 청평선방 마당에 청평루가 청평선방과 같이 세워졌다. 청평선방 자리는 복희암 터가 있던 곳으로 추정되는 곳이기도 하다. 이 청평선방 마당에 세운 청평루는 정면 3칸, 측면 2칸의 2층 누각으로 2익공 양식의 팔작지붕이다.

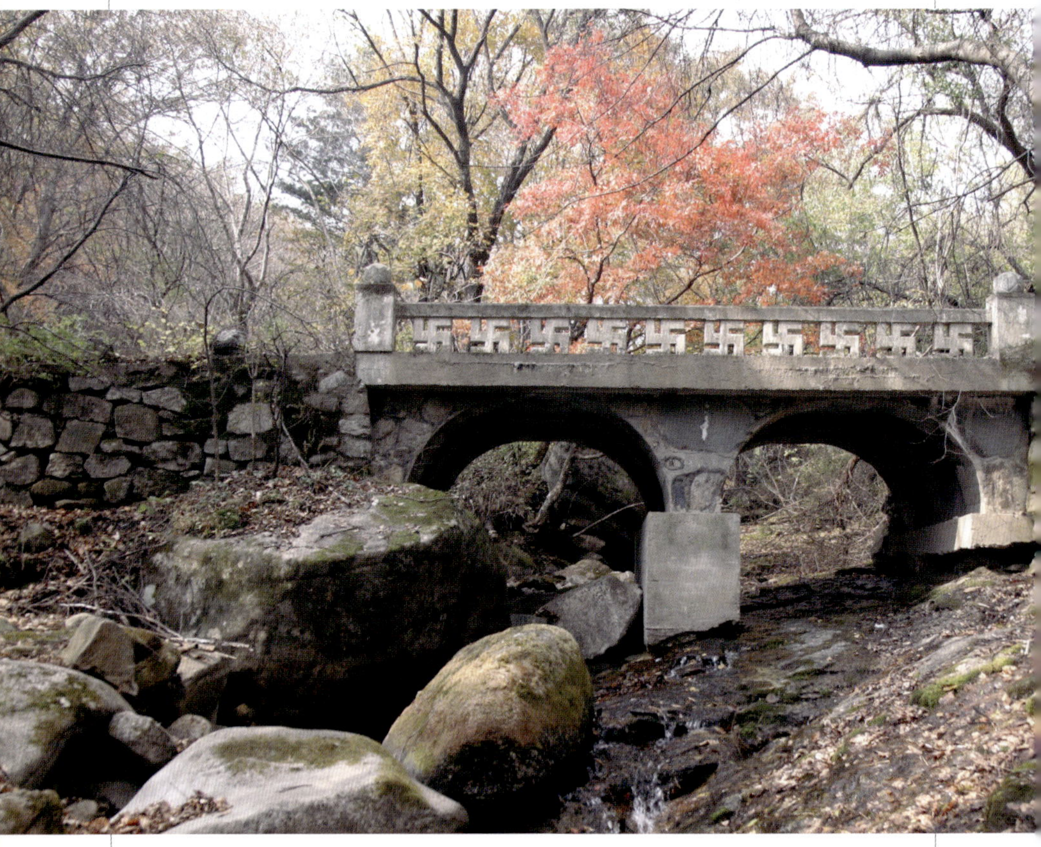

선동교 다리를 건너면 바로 청평사 경내 입구인 석계단이다.

경내구역

선동교를 지나 높은 돌계단에 오르면 청평사 경내 제1마당이 나오면서 경내 전면과 절 북쪽으로 솟아오른 암봉 및 그 주변 산록이 한눈에 들어온다. 청평사는 일주문이 없고 바로 중문인 회전문에서 대웅전으로 향하게 되어 있다. 현재 제1단 마당 입구 양쪽에 잣나무 두 그루가 마치 일주문 역할을 하듯이 곧게 자라고 있다.

청평사의 경내 공간은 1단에서 시작하여 남북 일직선상에 경사를 이룬 계단식 6단으로 이 축선을 벗어나 북서쪽에 별도의 한 단이 더 있다.

제1단의 넓은 빈터 마당에는 동편에 '청평산문수사시장경비'와 서편에 '청평산문수원기비' 비좌가 각각 남아 있고 한때 이 양비 사이에는 제석단帝釋壇이 있었다. '문수원기' 원래 비좌 옆에 '문수원기복원석비'가 2008년에 새로 세워졌다. 회전문에 오르기 전 2단 마당에는 중앙 통로 좌우로 연못이 있던 쌍지터가 있다.

경내 건물은 3단 회전문에서 시작하여 4단에는 원래 원해문圓解門과 문 위층에 강선루降仙樓가 있던 곳인데 이 자리에 행각과 경운루慶雲樓가 복원되어 있다. 5단 환문幻門이 있던 자리에는 행각이 들어서고 동쪽에 구광전九光殿과 사성전四聖殿,[16] 서쪽에 향적당香積堂 자리에는 각기 나한전羅漢殿과 관음전觀音殿이 세워졌다. 6단 능인보전 터에 대웅전이 들어섰고 대웅전 북서쪽 위 7단에 극락전이 복원되어 있다. 건물이 들어선 각 단의 공간 사이는 불과

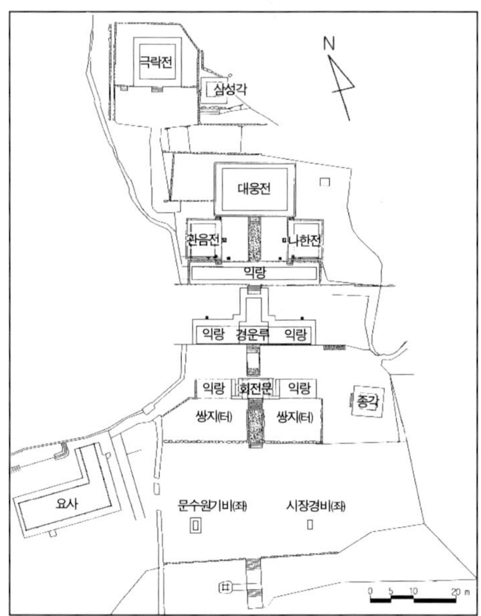

청평사 경내 배치도

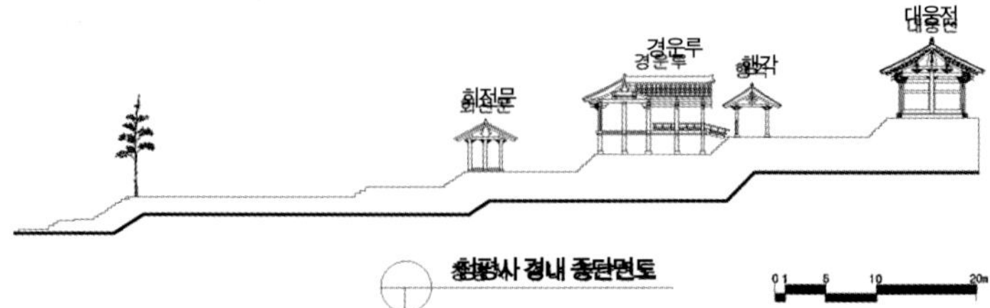

청평사 경내 종단면도

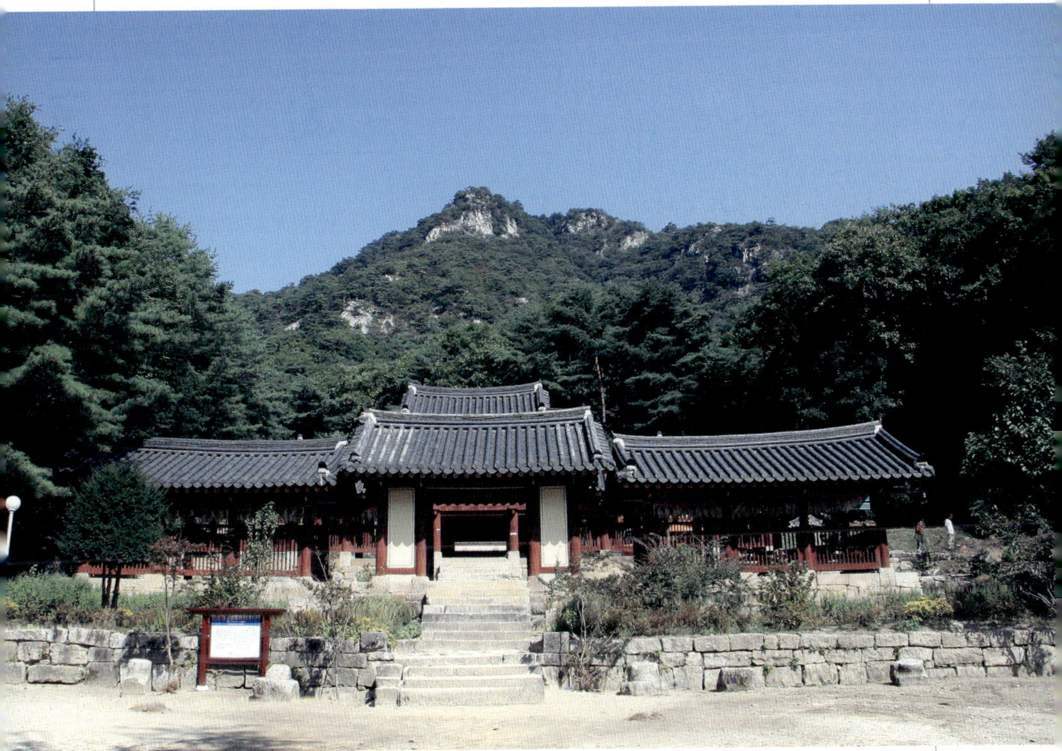

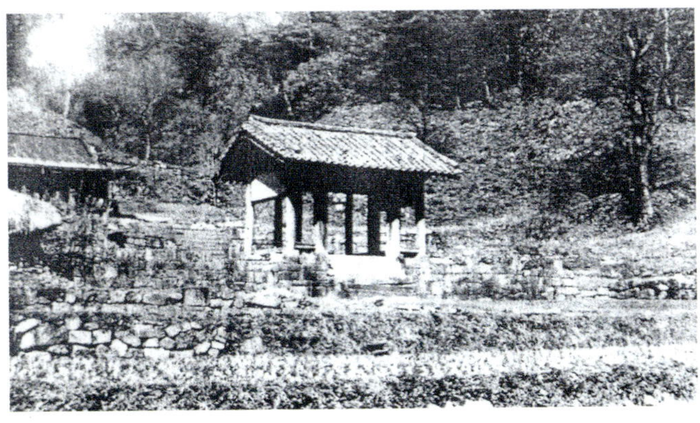

청평사 전경 절 북쪽 가운데 우뚝 솟은 봉우리가 영지에 비친다는 견성암 봉우리이다.

일제강점기 때 청평사 전경 회전문 뒤로 능인전(대웅전) 터에 요사가 들어 서 있다. 회전문 앞 2단 석축이 1단 마당 쪽으로 많이 나와 있다. (자료: 국립문화재연구소 소장 小川敬吉 문화재)

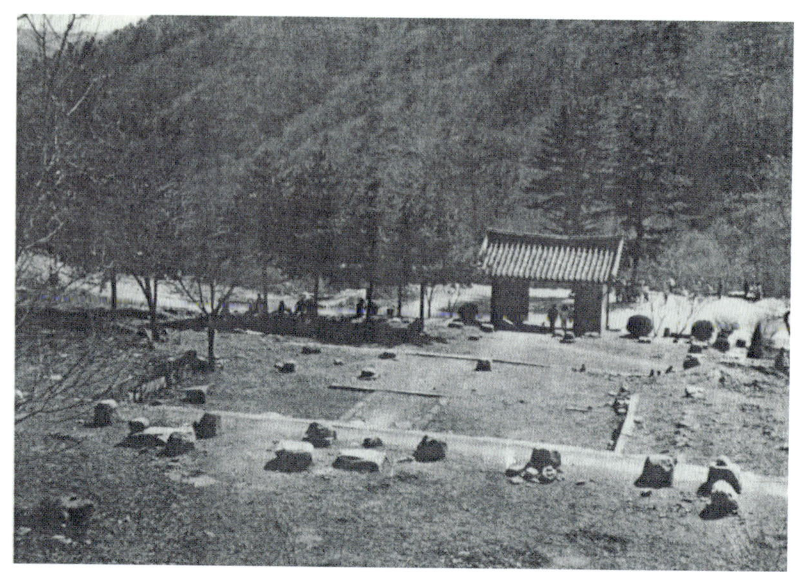

경내 복원 전 청평사(1984) 극락전(1977년 복원)에서 내려다본 경내로 회전문만 있고 경내가 그대로 빈터로 남아 있다. (자료: 청평사 실측조사 보고서)

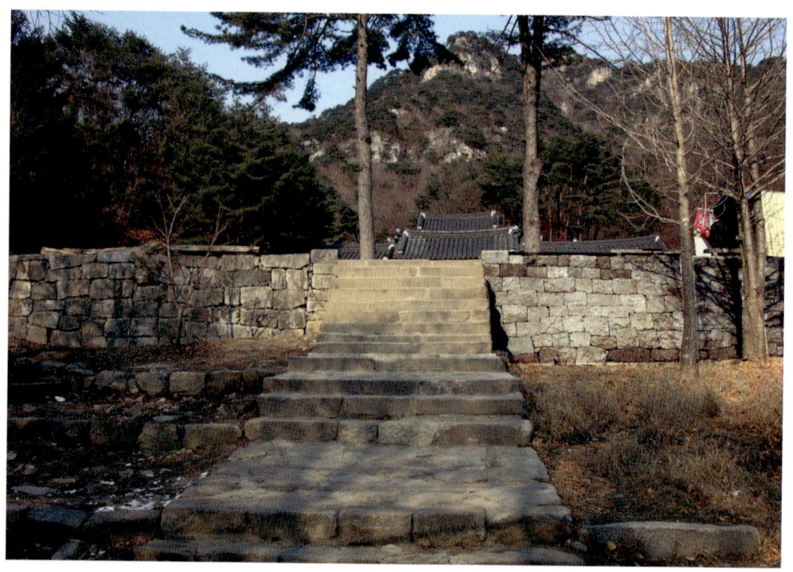

청평사 경내 입구 석단 및 계단 석단에 오르면 제1마당이 나오며 석단의 높이는 2.3m이다.

12.7m~15.5m로 마당이 협소한데다 건물이 조밀하게 들어서 꽉 찬 느낌이다. 이밖에 경내 제1마당 서쪽에는 1984년에 지은 요사가 있다.

엄황의 『춘천읍지』 「불우」에 "보우가 청평사를 대대적으로 수리하였는데, 문수원 때보다 더 넓고 커져 그 화려함이 지극하다. 문수원을 청평사로 개칭하고 법전 이름을 능인전能仁殿이라 했다."고 하였다. 또 "능인전(대웅전) 서북쪽에 극락전이 있는데 또한 보우가 세우고 거처한 곳으로 대단히 화려하고 비할 데가 없다."고 하였다. 『관동읍지』 등에 절은 221칸 규모라 하였다.

청평사 경내는 1970년대 중반까지만 해도 회전문만 남아 있는 채 빈 절터로 있었으나 1977년부터 극락전을 비롯한 복원이 시작된 이후 경내는 건물이 대부분 들어섰다.

청평사 경내 입지에 대해 『약헌유고』에는,

"동북쪽에 꺾어지는 곳에 대가람이 있는데 산이 열려 있고 물이 돌아져 있으며 사신이 주위에서 호위하는 듯한 것이 진보임승의 형국이다."

"折而東北有大伽藍 山開水繞 四神周護 眞寶林勝界"

라고 했다.

청평사 경내는 오봉산을 배산背山으로한 명당지소로 동·서 양 구릉 사이 안쪽에 계단상으로 가람을 배치하고 앞은 시야가 확 트이도록 넓은 개방공간을 두었다. 이러한 공간배치는 청평사의 수려한 주변산세와 조화로운 풍경을 고려한 배치라고 할 수 있다.

대웅전

대웅전의 옛 이름은 능인보전能仁寶殿으로 보우가 조선 초 청평사를 중창할 때 이 능인전만 수리하고 다른 건물은 모두 다시 지었다. 조선 철종 12년(1861)에 능인전이 소실된 이후 이 터에 요사가 지어졌다가 한국전쟁 때 소실되면서 터만 남아 있었다. 1989년 능인보전 터에 대웅전이 정면 3칸, 측면 3칸의

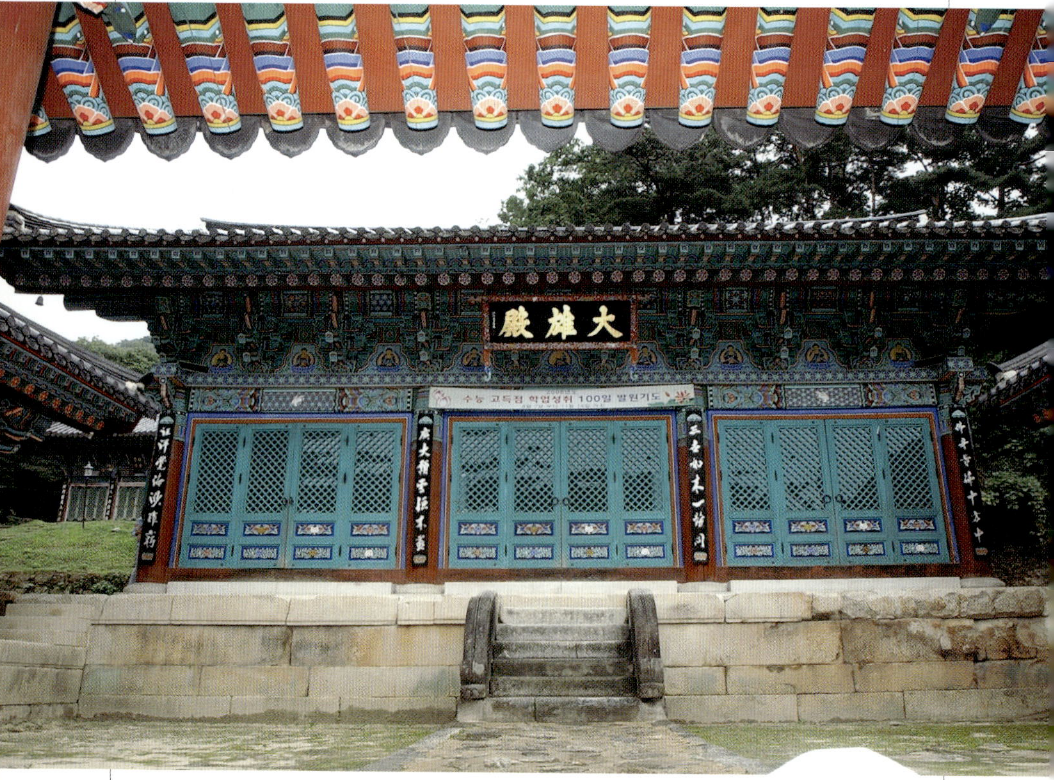

대웅전 원래의 능인보전能仁寶殿은 조선시대 말 이전에 이미 소실되었고, 이 터에 한때 요사가 들어서 있었다. 1989년에 능인 보전 터에 대웅전이 다시 세워졌다. 대웅전 석단의 높이는 1.88m이다.

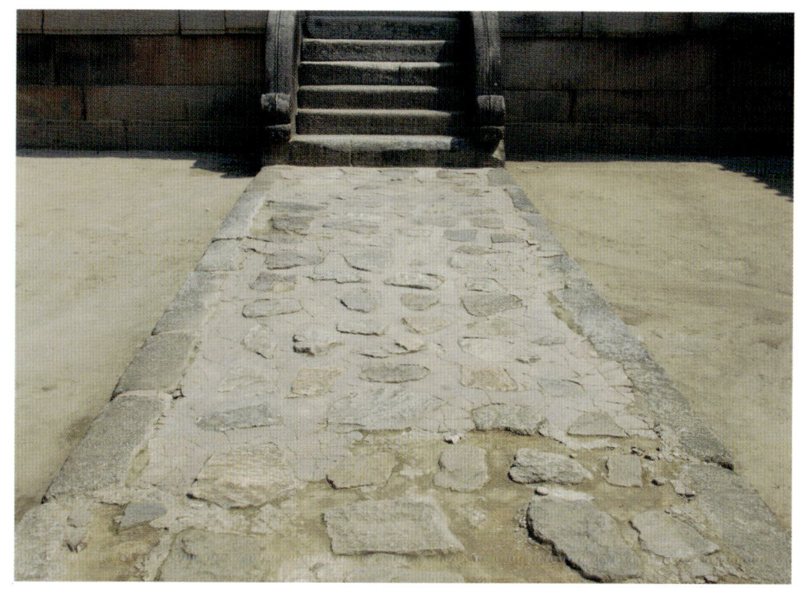

대웅전 앞 답도 박석포장 박석 내측의 너비는 2.05m이다

다포계 맞배지붕으로 복원되었다.

　『약헌유고』에는 "능인전이 강선루와 마주하여 단청이 서로 비추어 빛나고 건물이 굉려하며 기둥 위에 올린 구조가 교묘하게 되어 있는데 그 화려하고 기묘함은 일찍이 보지 못했다."고 하였다.

석계 및 소맷돌

　대웅전을 오르는 석계단은 단아하고 정교한 석계양식을 보여주고 있으며 계단 양쪽의 소맷돌은 무지개처럼 공굴린 반원형이다. 석계 좌우 난간머리의 바깥쪽은 연꽃잎이 둘러싼 태극문양이고 안쪽은 태극문양만 조각되어 있다.

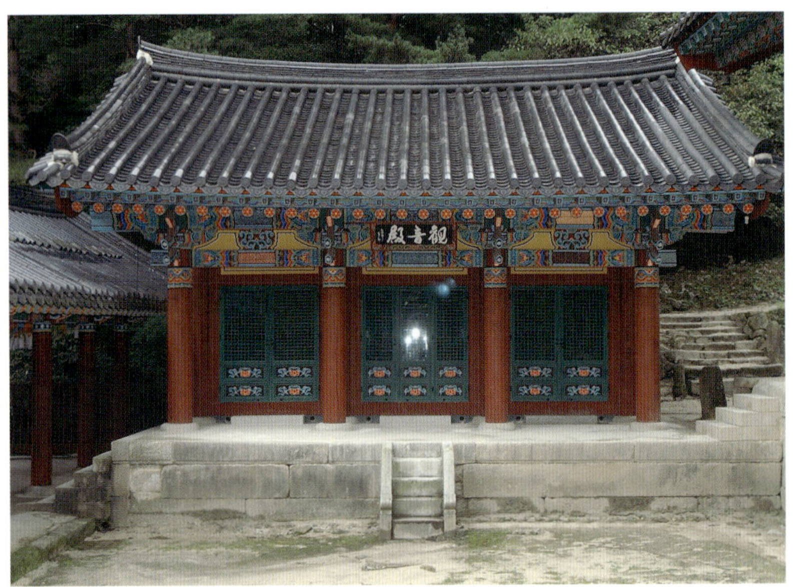

관음전

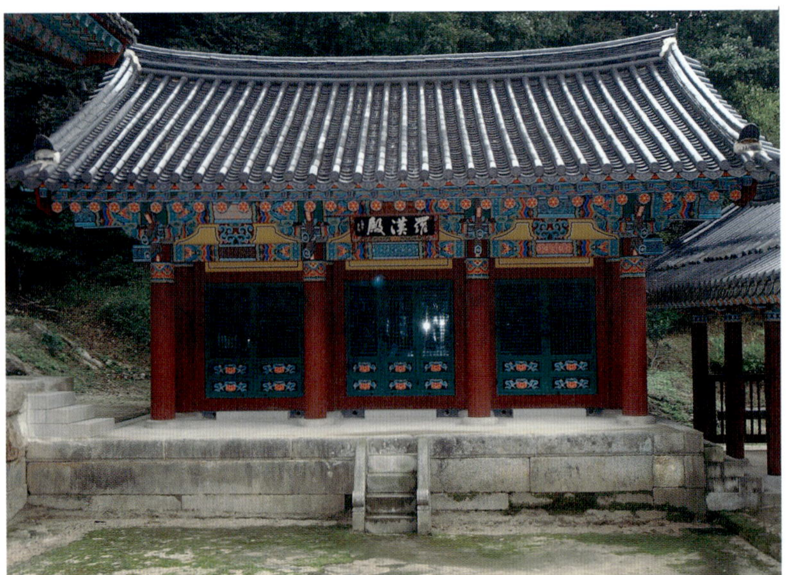

나한전

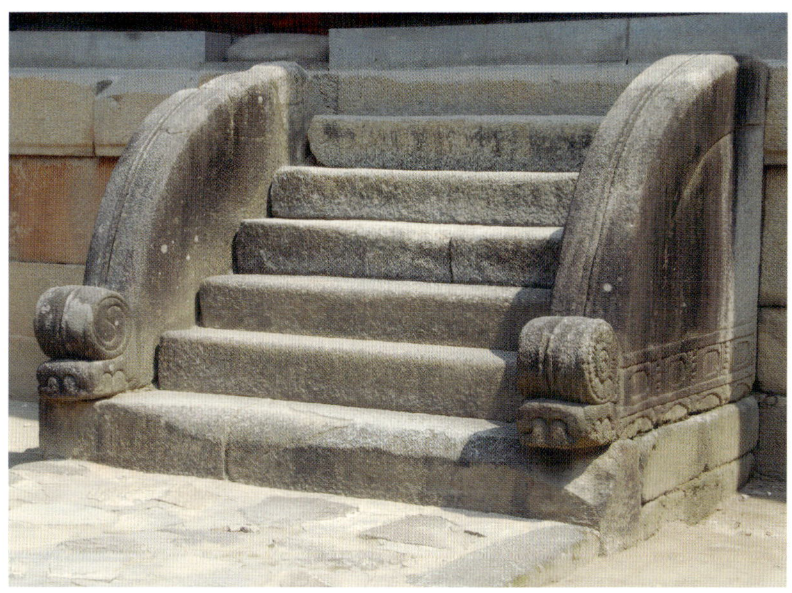

석계 및 소맷돌 대웅전 앞 석계는 단아하고 정교한 석계양식을 보여주고 있다. 계단 양쪽의 소맷돌은 반원형이며 난간머리에는 안과 밖으로 각기 다른 형태의 태극문양이 조각되어 있다.

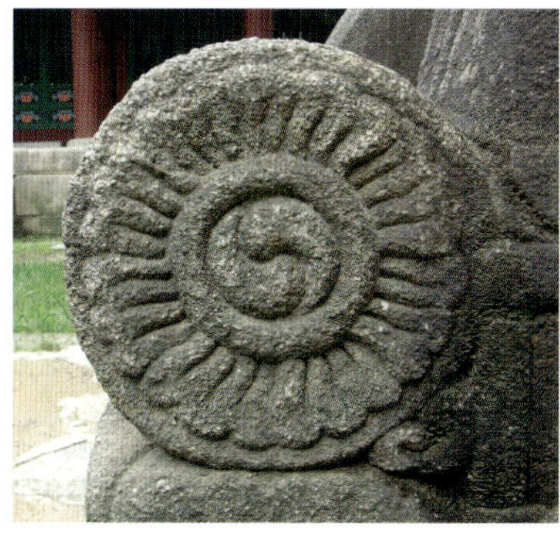

소맷돌 난간머리(바깥쪽)

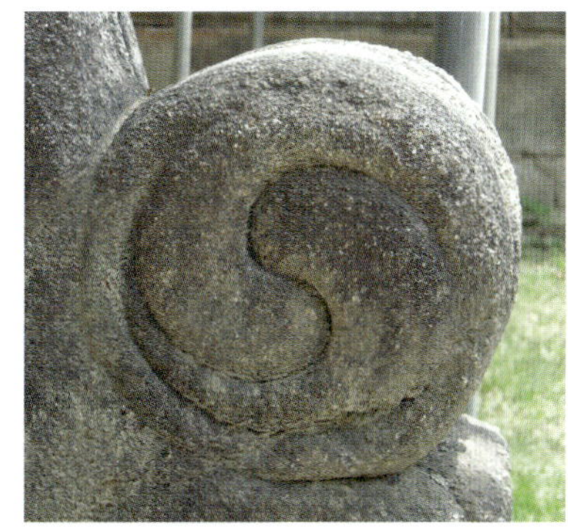

소맷돌 난간머리(안쪽)

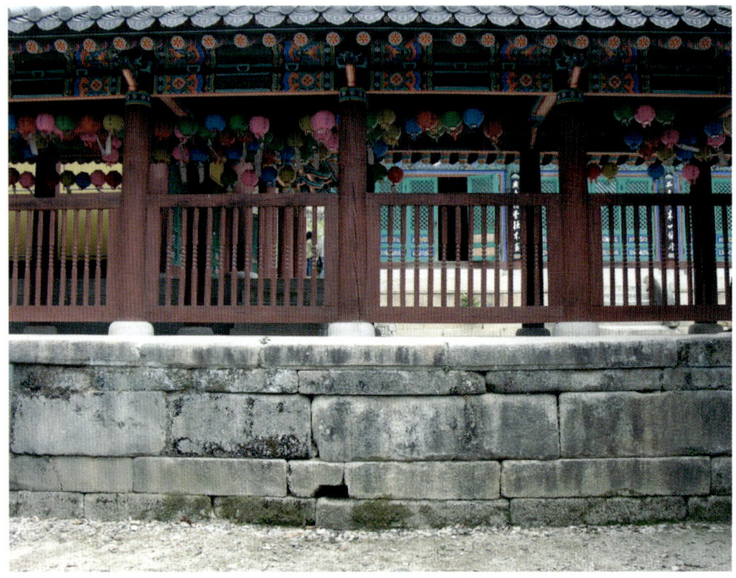

익랑 석단(5단) 석단의 높이는 1.73m이다.

이 안쪽의 태극문양은 양주 회암사 석계에서 여러 개 보이는 태극문양과 같은 모양이다.

극락전

대웅전 서북쪽 최상단에 있는 전각으로, 보우대사에 의해 당시 최고의 기술로 지어졌으며 궁궐 못지않은 화려한 건물이었다.

엄황의 『춘천읍지』 「불우」에 의하면 극락전은 "대단히 화려한 채색은 비할 데가 없으며 황금을 써서 불좌를 조성하고 집의 사면 기둥과 서까래는 모두 먼저 가는 모시로 싸서 전체를 옻칠하고 마지막으로 주홍색으로 빛을 내니

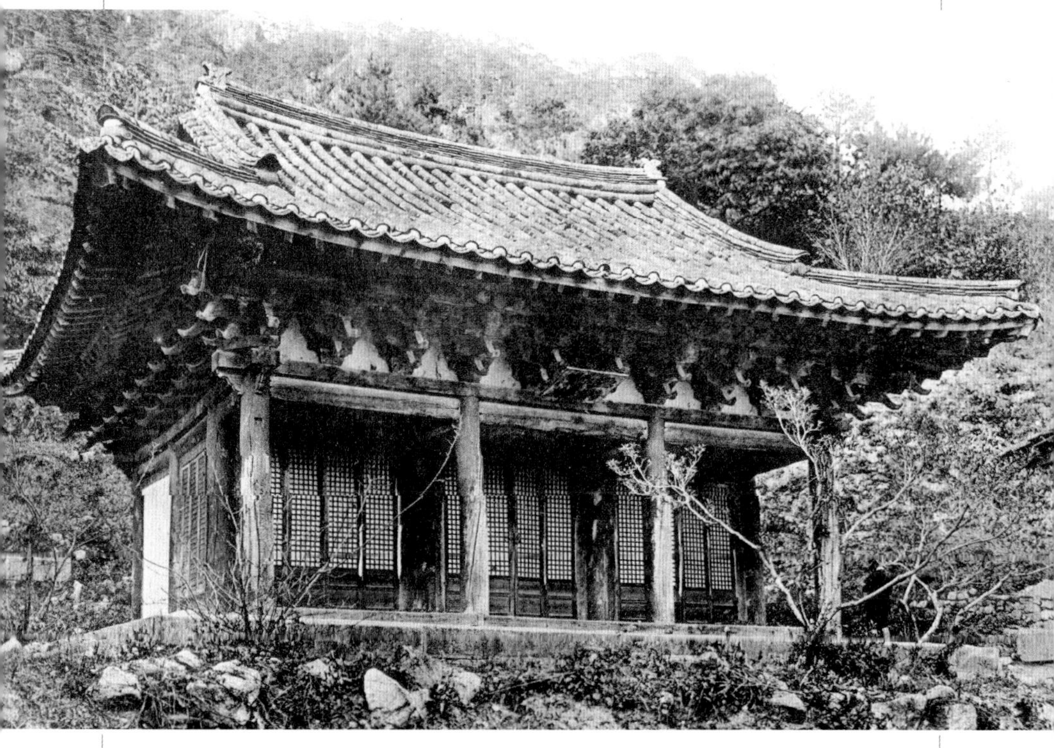

일제강점기 때 극락전(1932) 극락전이 소실되기 전 모습으로 정면 한 칸이 툇마루로 되어 있다. 보우대사에 의해 당시 최고의 기술로 지은 궁궐 못지않은 화려한 건물이었다. (자료: 『조선고적도보』)

와 닿는 물체가 비쳐 빛나는 것이 거울과 같았다.”고 하였다.

「청평사지」‘건물建物’에 의하면 일제강점기 때 극락전은 갑종국보甲種國寶로 지정되었으나 해방된 후 1947년 방화로 아쉽게도 전소되었다. 원래 소실되기 전 극락전은 정면 3칸, 측면 3칸의 단층구조의 팔작지붕으로 정면이 한 칸이 툇마루로 된 구조였다. 그러나 1977년 복원된 극락전은 전퇴前退 공간이 없이 지어졌다.

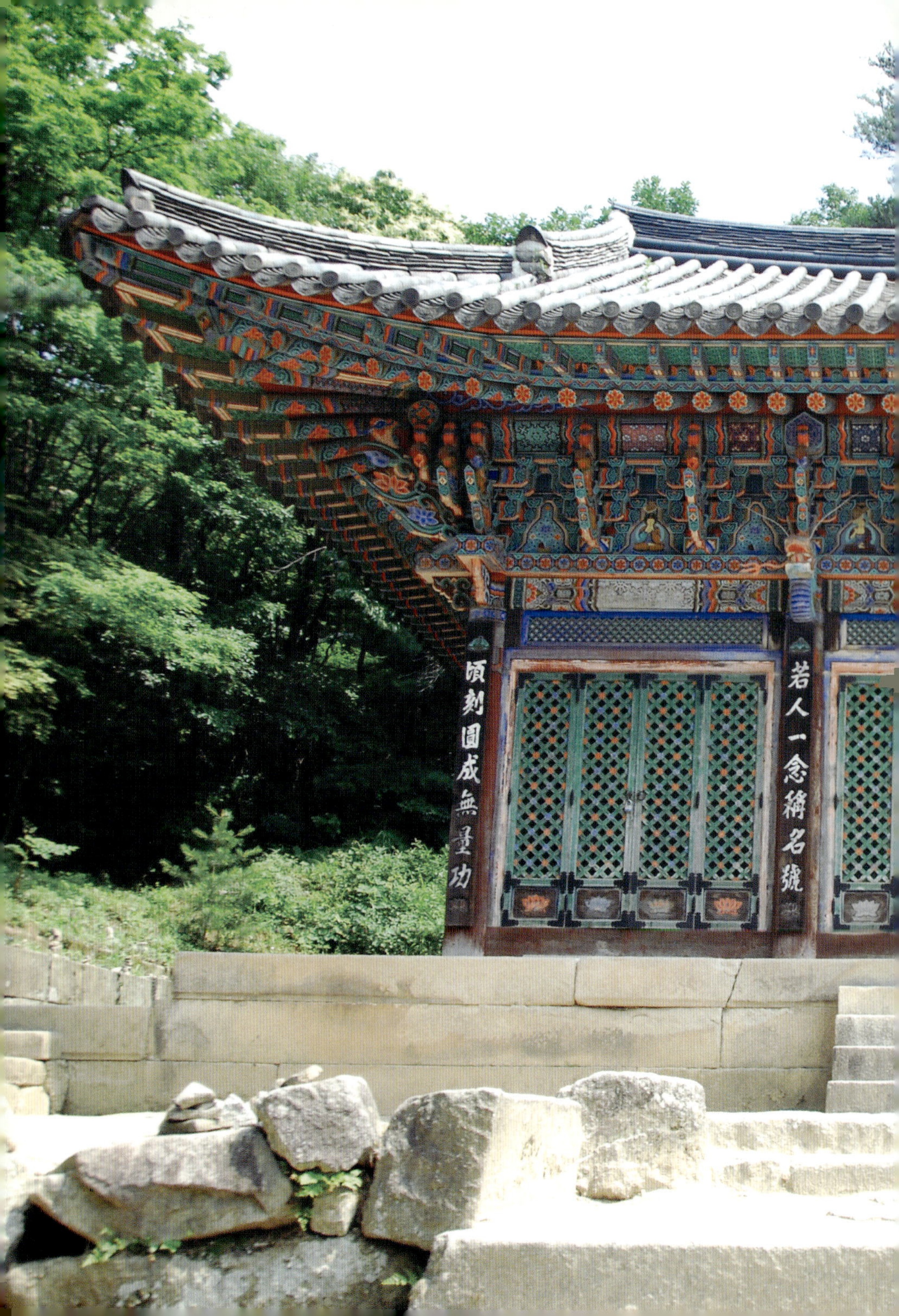

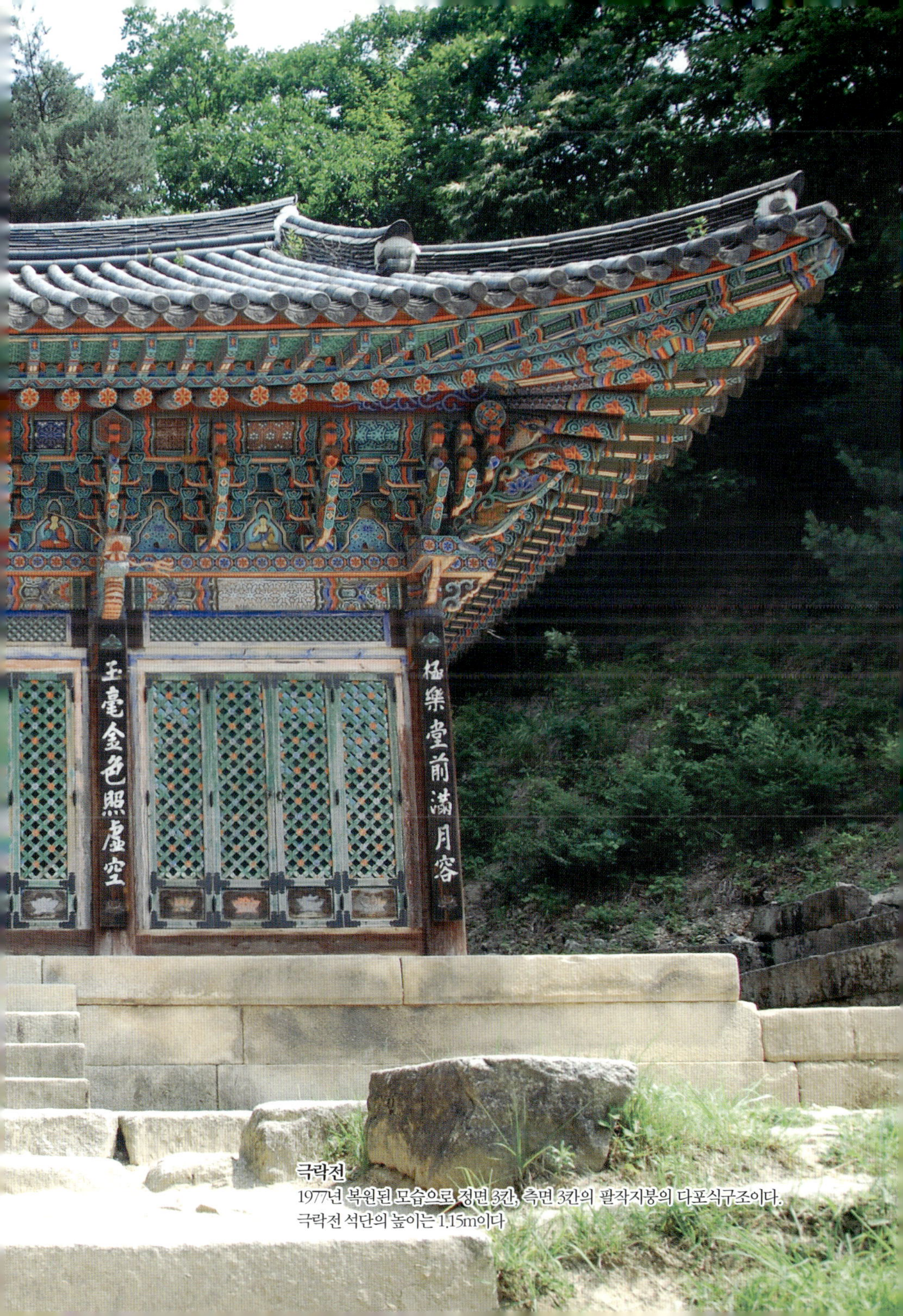

극락전
1977년 복원된 모습으로 정면 3칸, 측면 3칸의 팔작지붕의 다포식구조이다.
극락전 석단의 높이는 1.15m이다

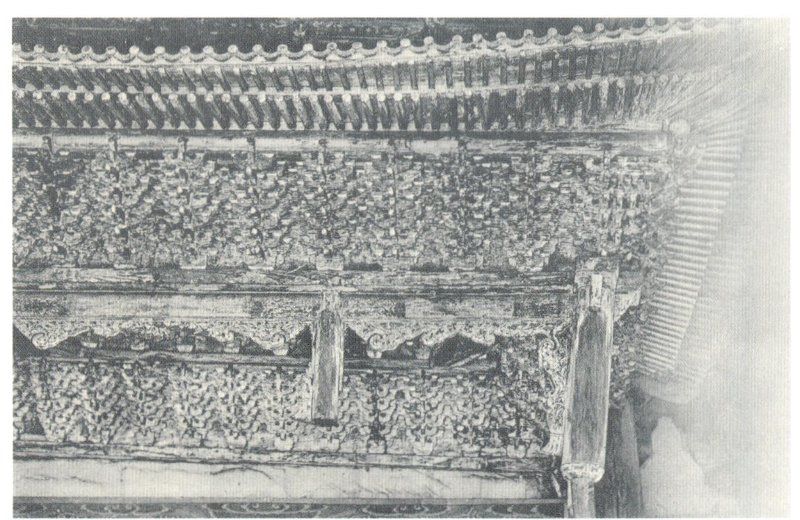

극락전 내부 닫집(1932) 소실 전(자료: 『조선고적도보』)

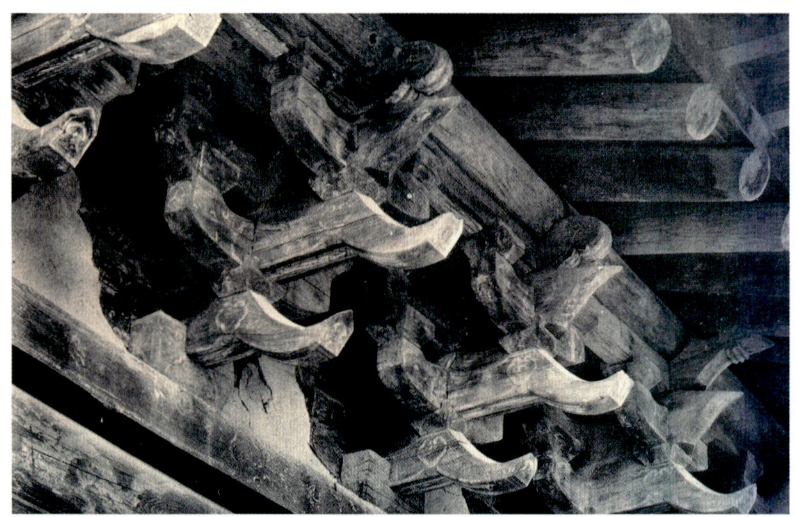

극락전 외부 공포(1932) 소실 전(자료: 『조선고적도보』)

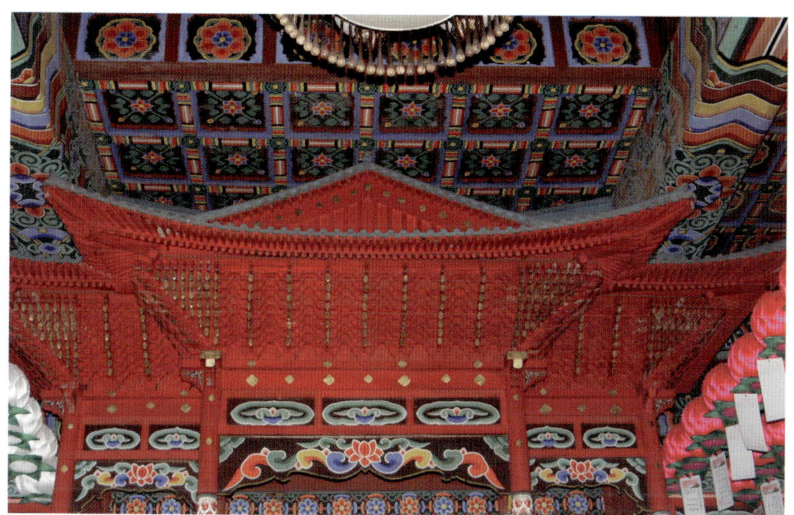

극락전 내부 단집 복원 후(1977)

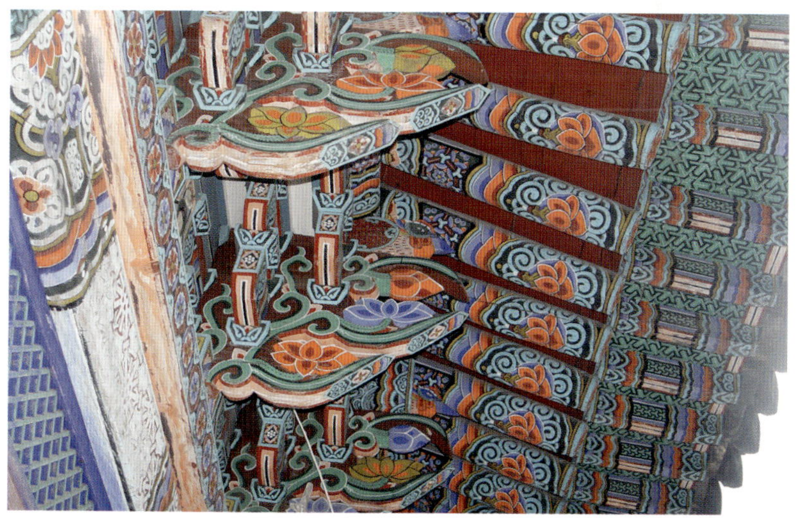

극락전 외부 공포 복원 후(1977)

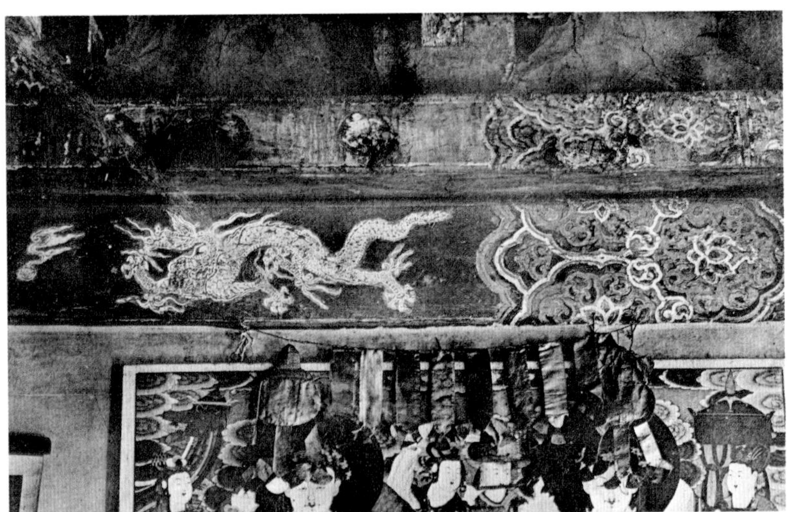

극락전 내부 문양(1932) 소실 전 (자료: 『조선고적도보』)

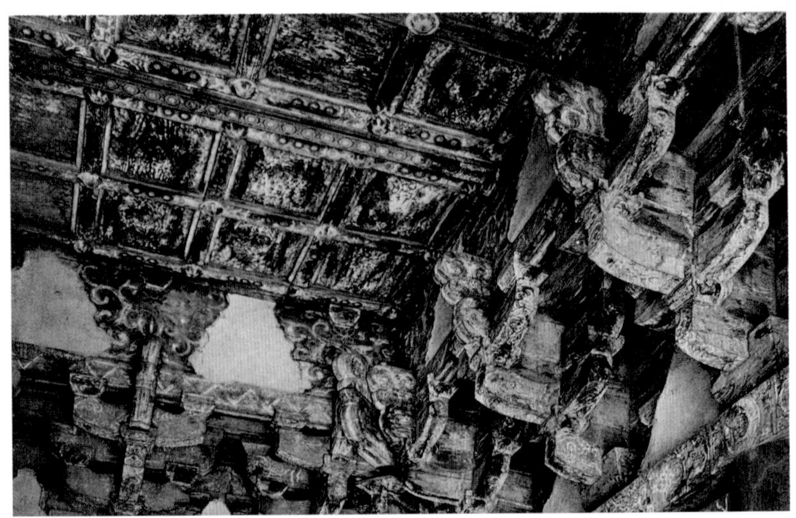

극락전 내부 공포 및 천정(1932) 소실 전 (자료: 『조선고적도보』)

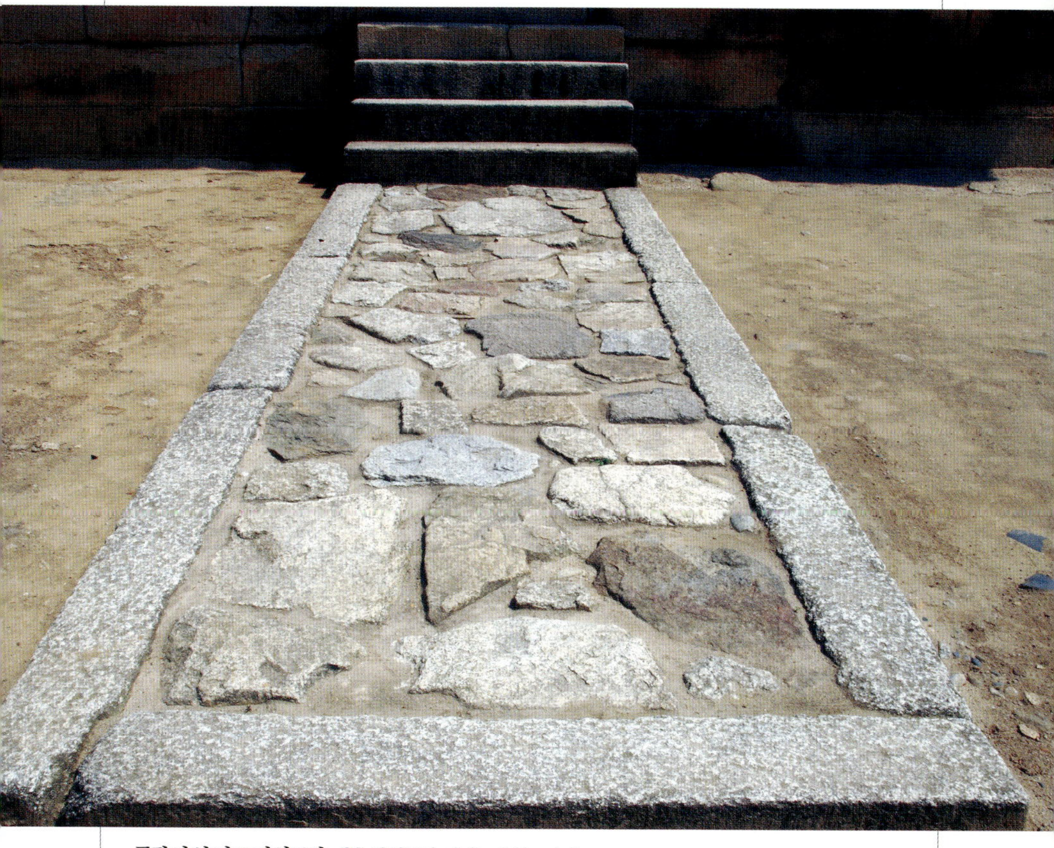

극락전 앞 답도 박석포장 내측 박석포장 너비는 1.35m이다.

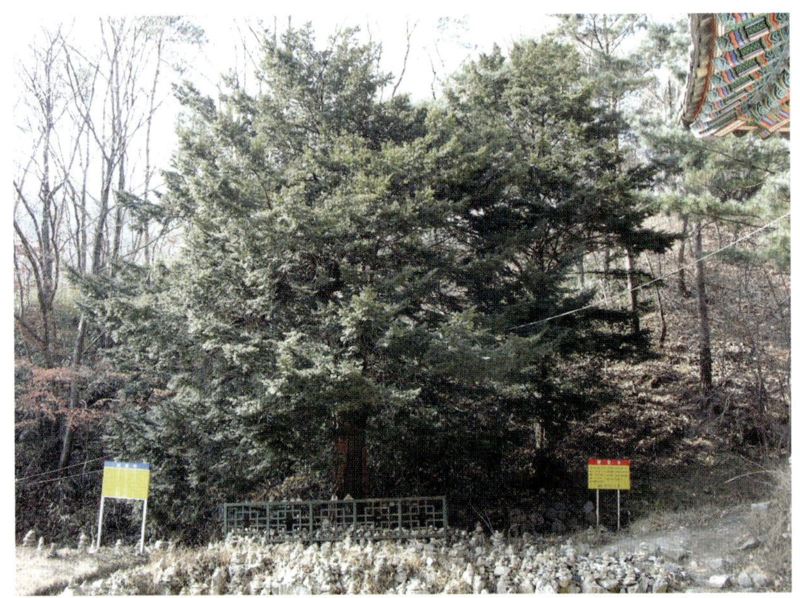

극락전 주목 '강원도나무'와 '춘천시나무' 보호수로 각기 지정되어 있다. 왼쪽이 '강원도나무(춘천 2호)' 보호수이고 오른쪽이 '춘천시나무(춘천 3호)' 보호수이다.

회전문廻轉門

'보물 제164호'로 청평사 내 하나뿐인 국가지정문화재이며 다른 대부분의 경내 건물이 모두 사라졌었지만 이 회전문만 유일하게 보존되어 왔다. 조선 초 보우 때 세운 문으로 전해지고 있으며 『약헌유고』에서는 회전문回轉門으로, 「청평사지」에서는 남문南門이라 하였다.

회전문은 대웅전(능인전)을 오르기 위한 정문으로 일반 사찰에서 일주문을 통하는 전형적 배치와는 다르게 회전문이 바로 중문 형태를 지닌 특이한 형식이다. 다른 사찰의 사천왕문처럼 중앙을 통로로 사용하도록 하였다. 문 안쪽 좌우에 좁은 칸을 만들고 낮은 마루를 깔았으며 크기는 정면 3칸 측면 1칸

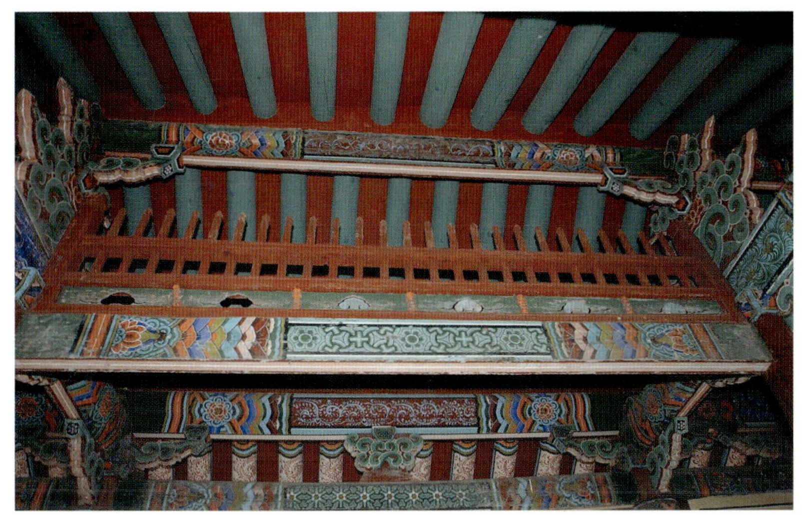

회전문 천정 홍살

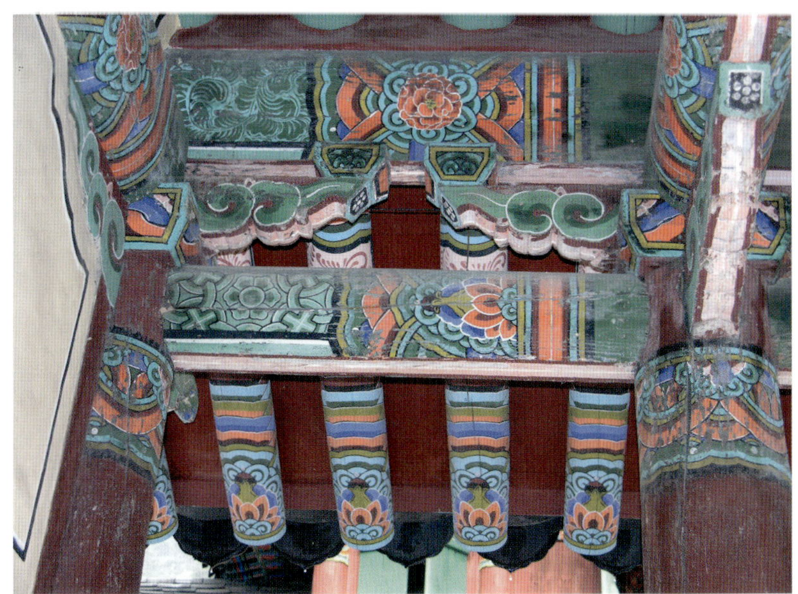

회전문 내부 창방과 도리

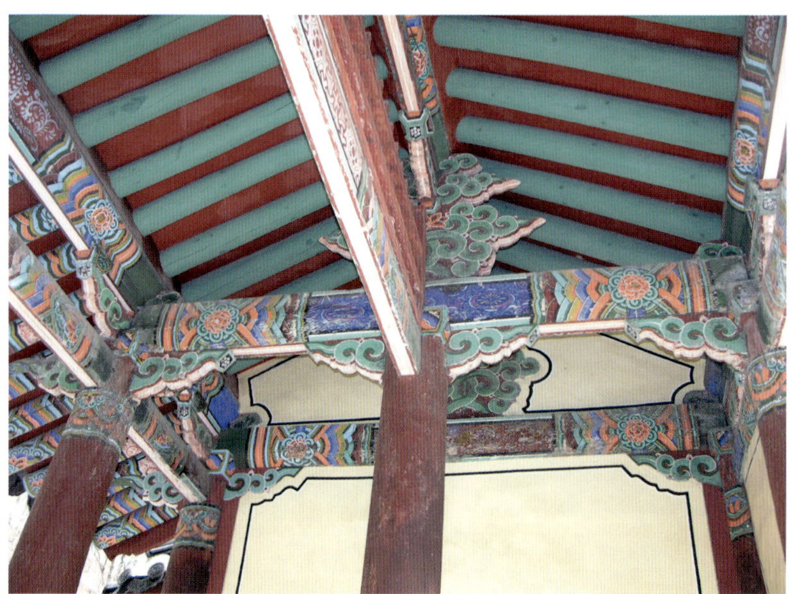

회전문 내부 천장 구조

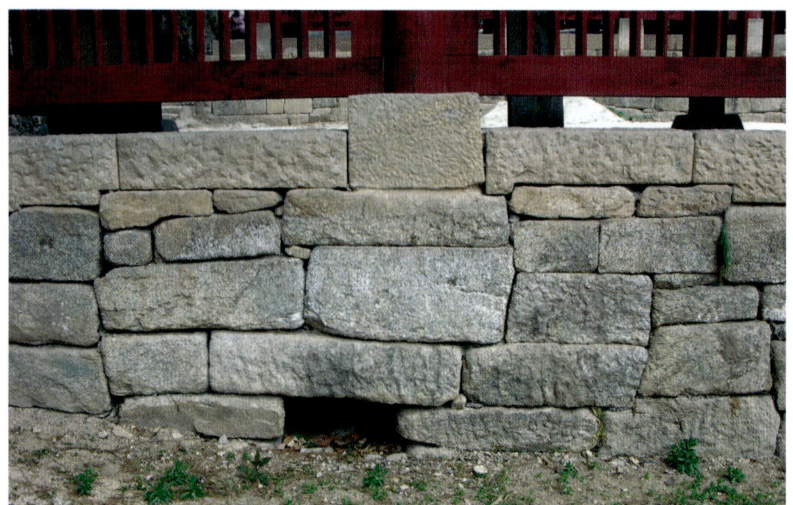

회전문 석단(3단) 석단의 높이는 1.53m이다.

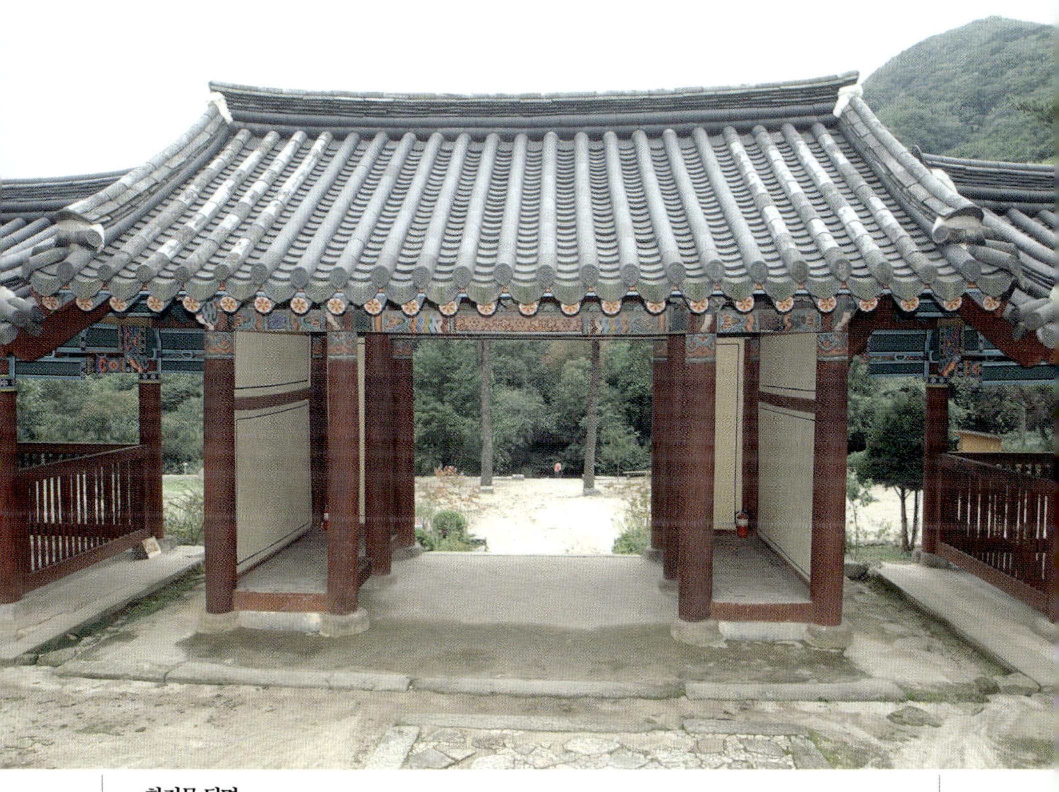

회전문 뒷면

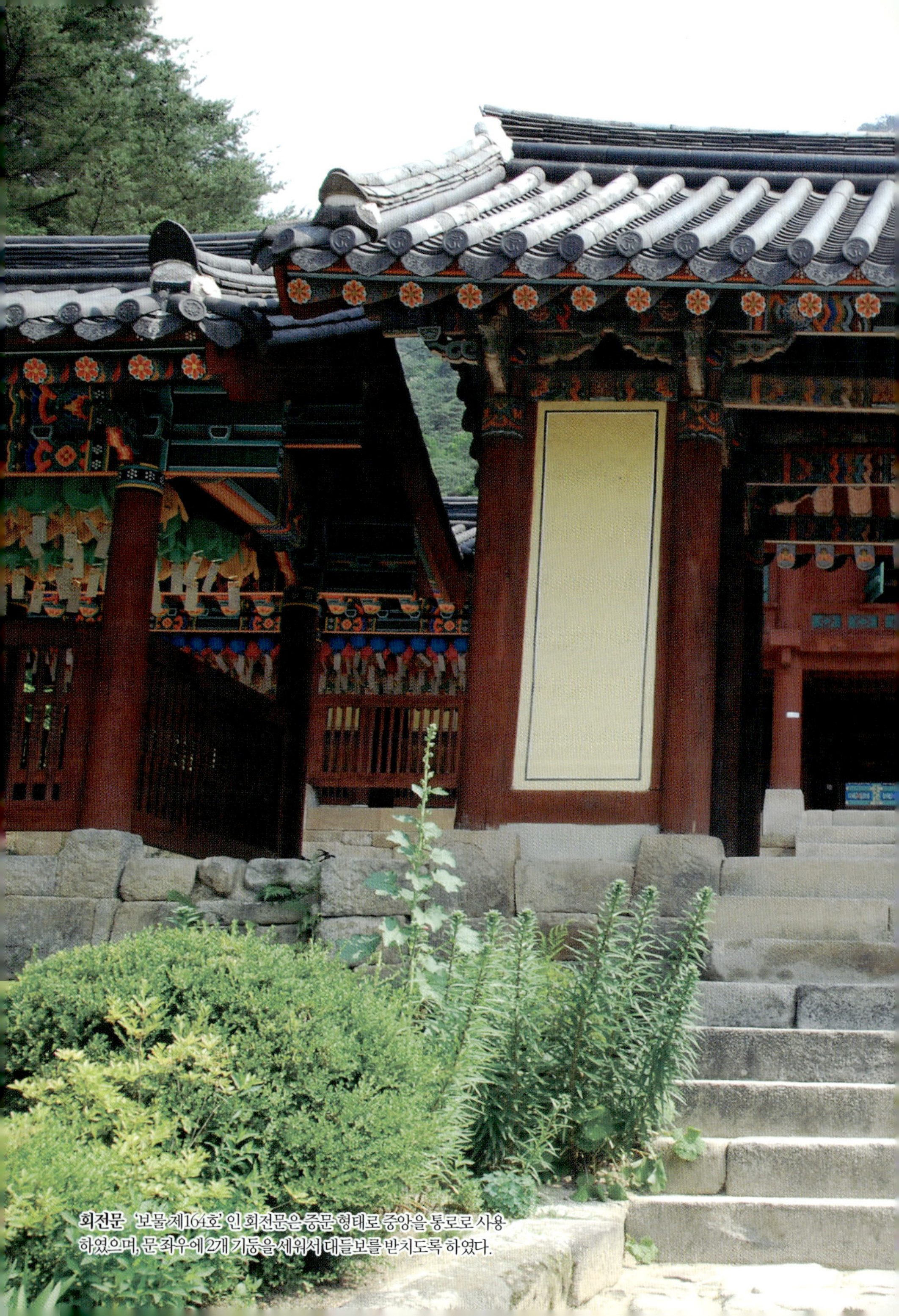

회전문 '보물 제164호'인 회전문은 중문 형태로 중앙을 통로로 사용
하였으며, 문 좌우에 2개 기둥을 세워서 대들보를 받치도록 하였다.

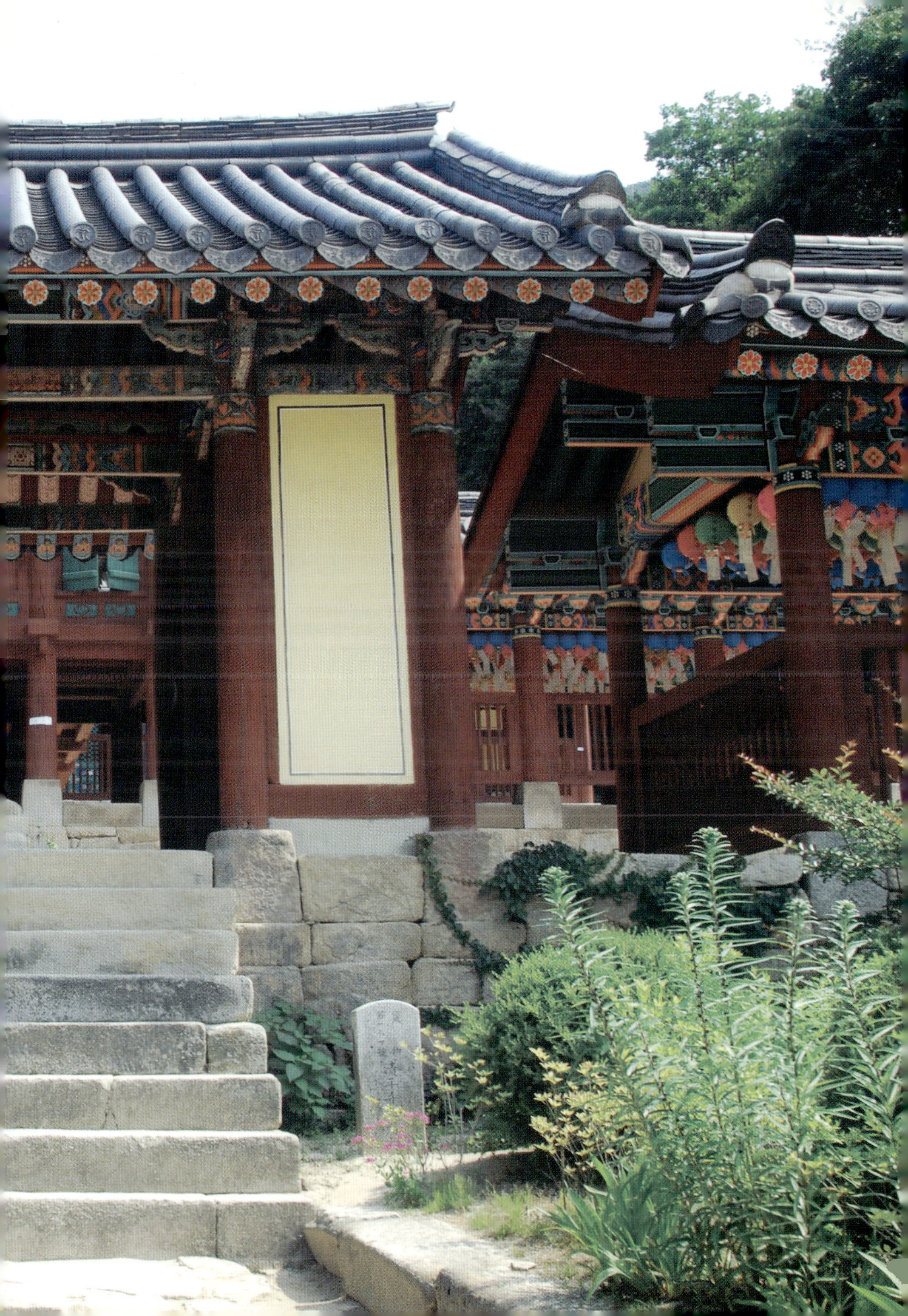

이고 단층 맞배지붕의 3량樑집 구조로 좌우 행각에 연결되어 있다. 회전문의 구조는 주심포 계통의 익공양식으로 8개의 외벽기둥과 내부 좌우에 2개 기둥을 세워서 대들보를 받치도록 하였고 그 위에 홍살문처럼 살대를 가로로 배열하였다.

이 회전문과 관련된 정확한 의미의 유래는 찾을 수 없으나, 이 문을 공주설화와 연계 시켜 중생들에게 윤회와 전생을 깨우치기 위한 관념적 의미에서의 '마음의 문'으로 해석하기도 한다.

경운루慶雲樓

옛 강선루降仙樓가 있던 곳으로 강선각이라고도 했으며 원래 4단의 원해문 위층에 지은 누각이다. 엄황의 『춘천읍지』에 의하면 "법당의 남쪽에 선왕 세

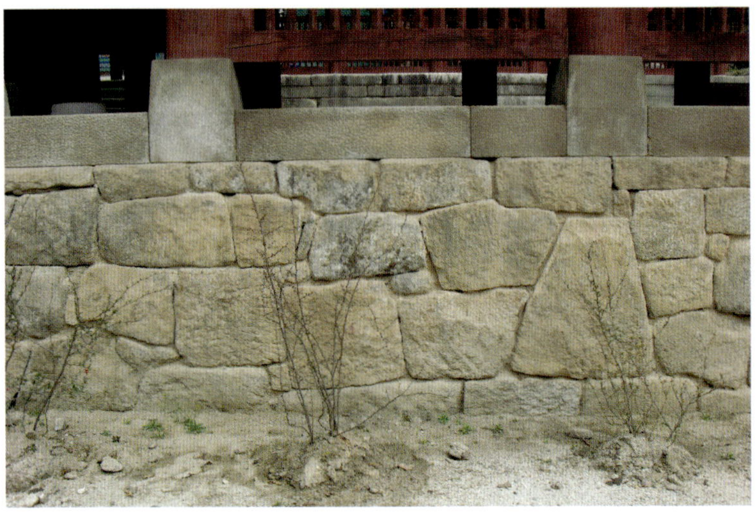

경운루 석단(4단) 석단의 높이는 1.73m이다.

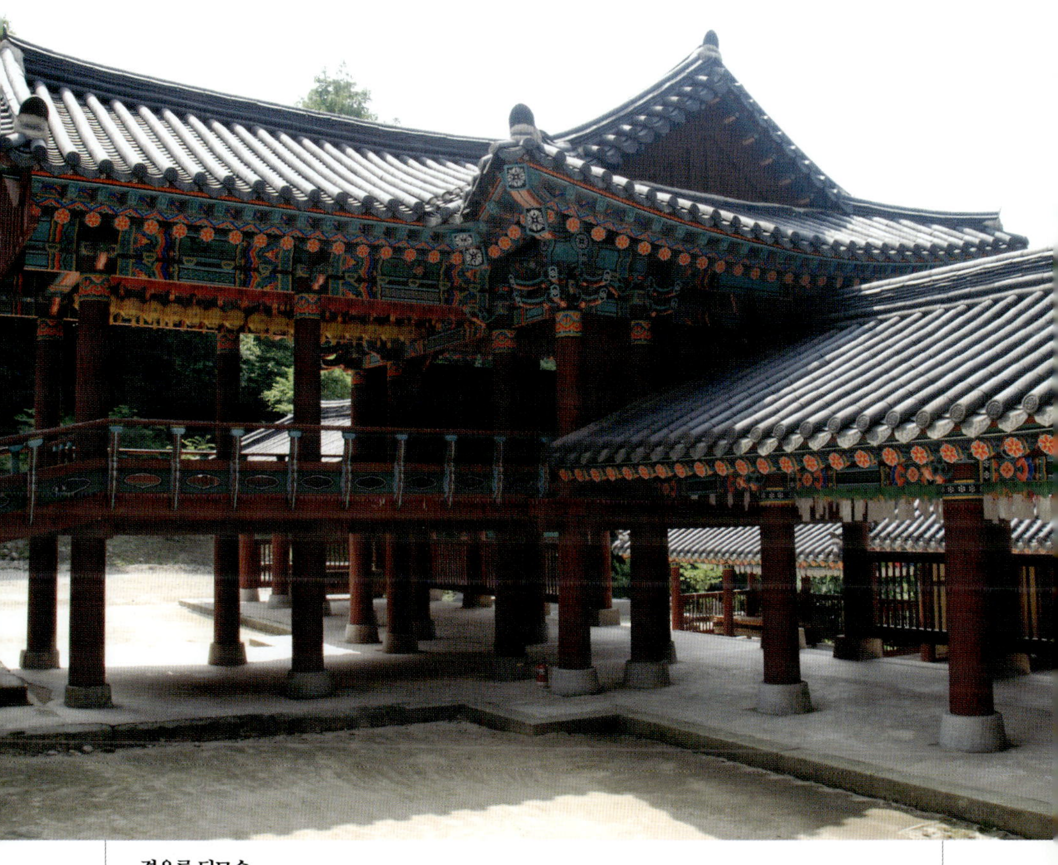

경운루 뒷모습

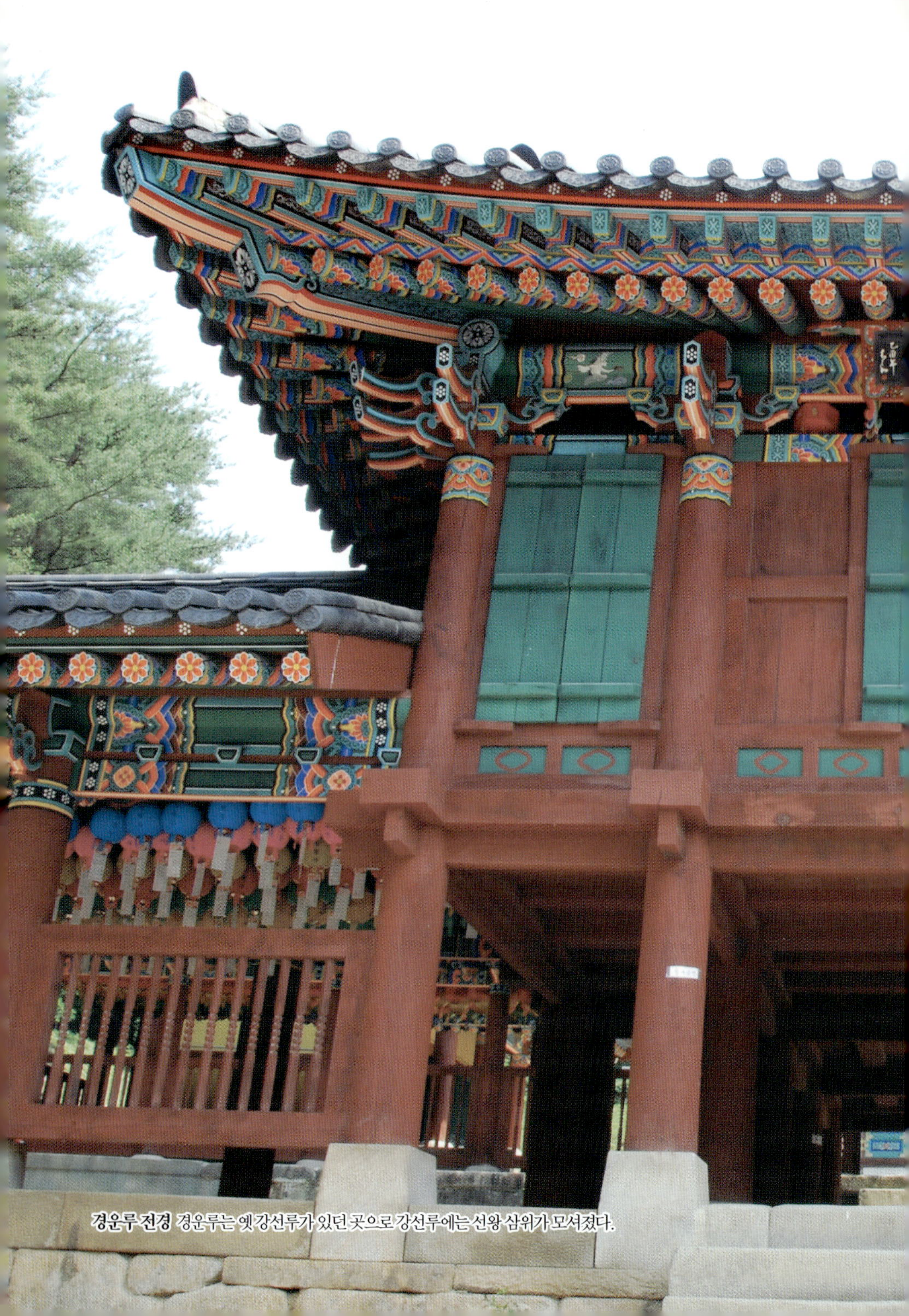

경운루 전경 경운루는 옛 강선루가 있던 곳으로 강선루에는 선왕 삼위가 모셔졌다.

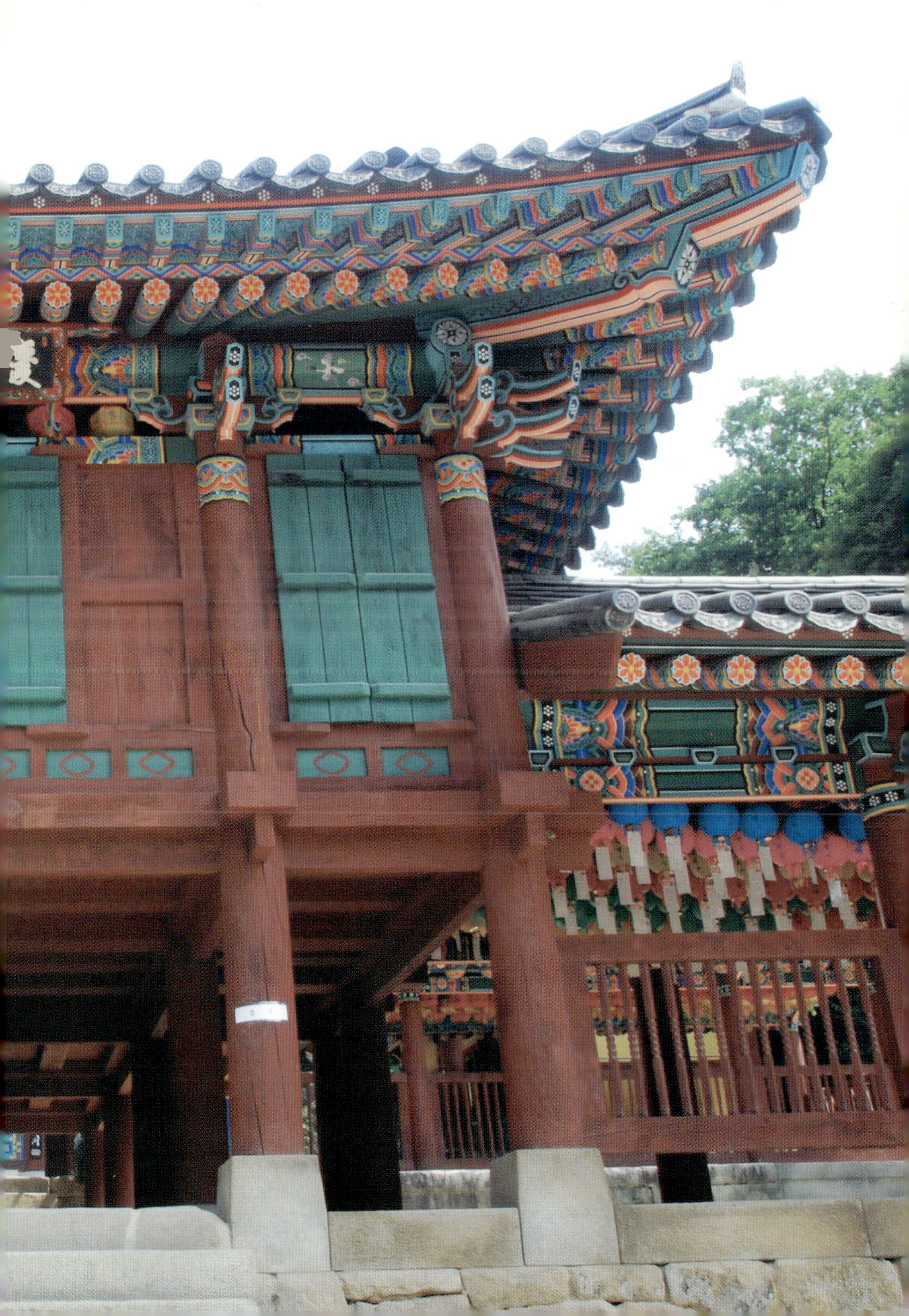

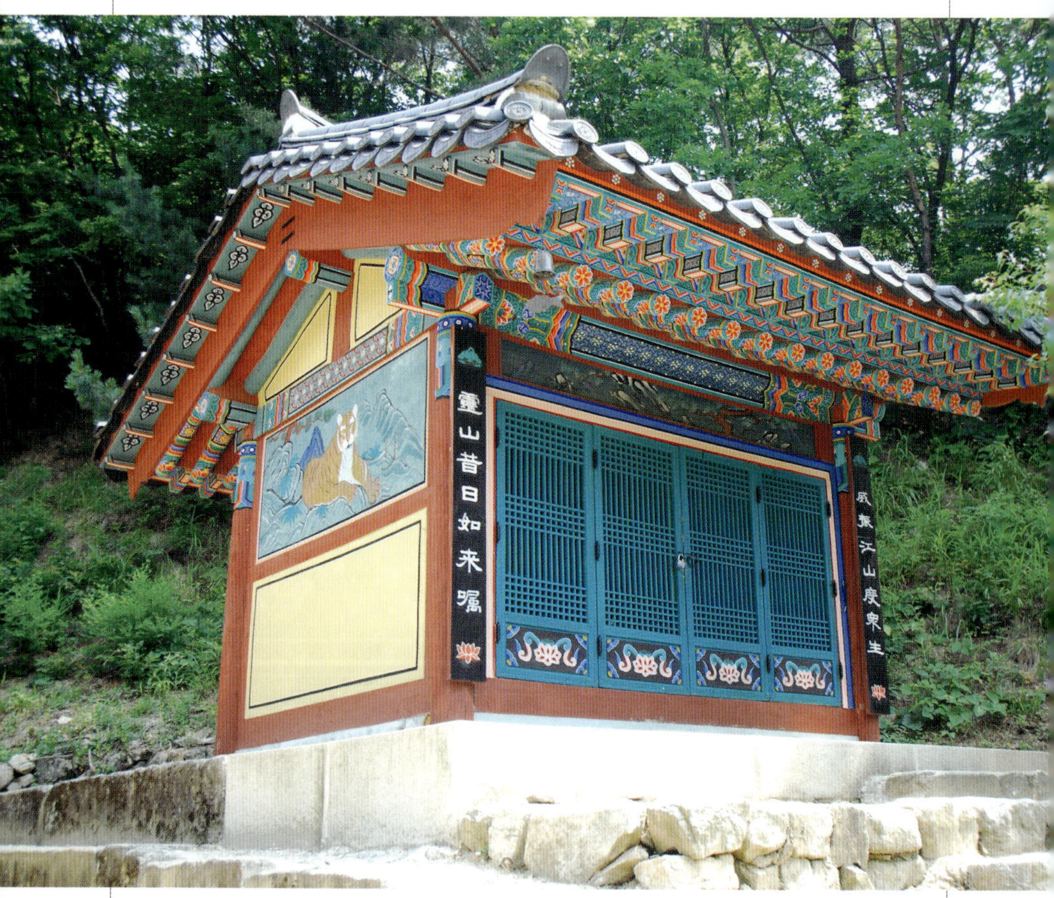

삼성각 대웅전 북쪽에 있으며 1977년 복원되었다. 내부에 산신山神, 칠성七星, 독성獨聖 세 신을 모셨다.

분의 위판을 봉안한 강선각降仙閣을 지었다."고 했다. 현재는 익랑채 중앙 통로 위층에 경운루라 이름 지어 다시 지어졌다. 다시 지은 경운루는 팔작지붕의 정면 3칸, 측면 2칸이며 뒤로 누와 5단 석단 사이를 연결하여 누각을 출입하도록 하였다.

청평산문수원기비淸平山文殊院記碑

이자현 사후 5년 후인 고려 인종 8년(1130)에 이자현의 업적을 기리기 위해 문수원 창건과 중창, 이자현의 은거와 수도과정 그리고 행적을 기록한 사적비이다.

비의 원제목은 '진락공중수청평산문수원기眞樂公重修淸平山文殊院記' [17]로 비의 앞면은 김부철金富轍이 글을 짓고 글씨는 승 탄연坦然이 썼다. 탄연의 왕희지풍王羲之風 행서는 해동명적海東名跡으로 꼽힌다. 비 뒷면은 혜소惠素가 글을 짓고 역시 탄연坦然이 글을 썼다.

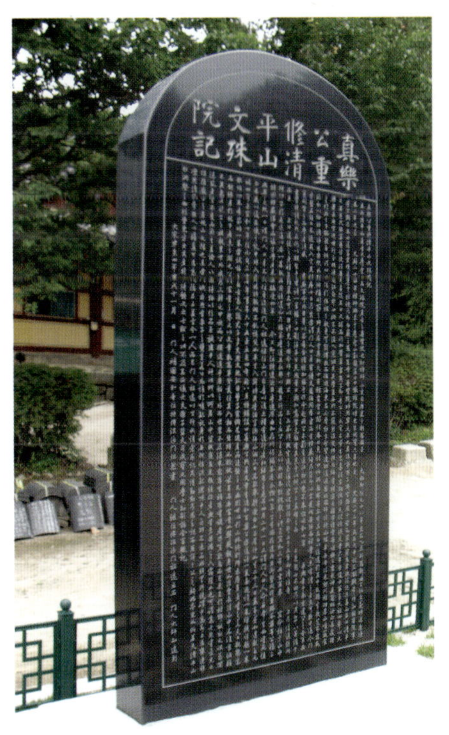

청평산문수원기淸平山文殊院記 복원석비 2008년에 세운 복원석비로 이 비 오른쪽에는 원래의 문수원기 비좌가 남아 있다.

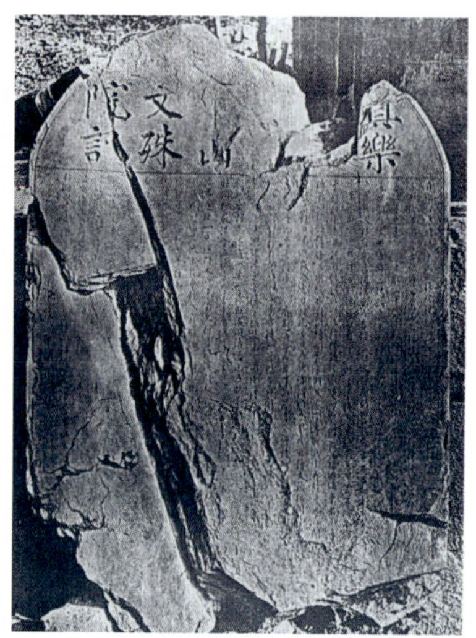

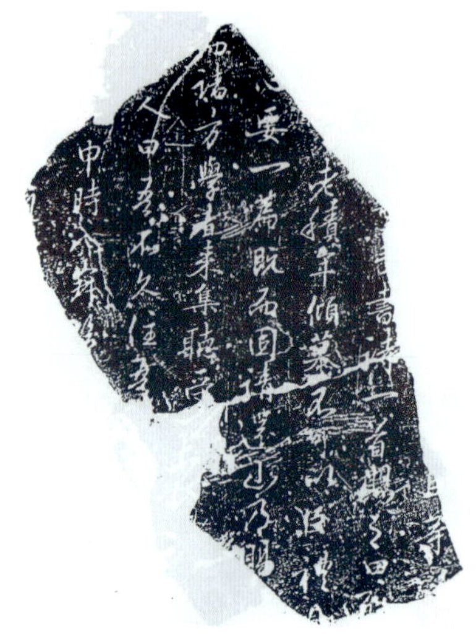

청평산문수원기비(1914) 극락전에 옮겨 보관하기 이전 제1마당에 훼손된 채로 서있던 원비의 모습이다. (자료: 한국민족문화연구원)

청평산문수원기 비편 탁본 (동국대학교 박물관 소장)

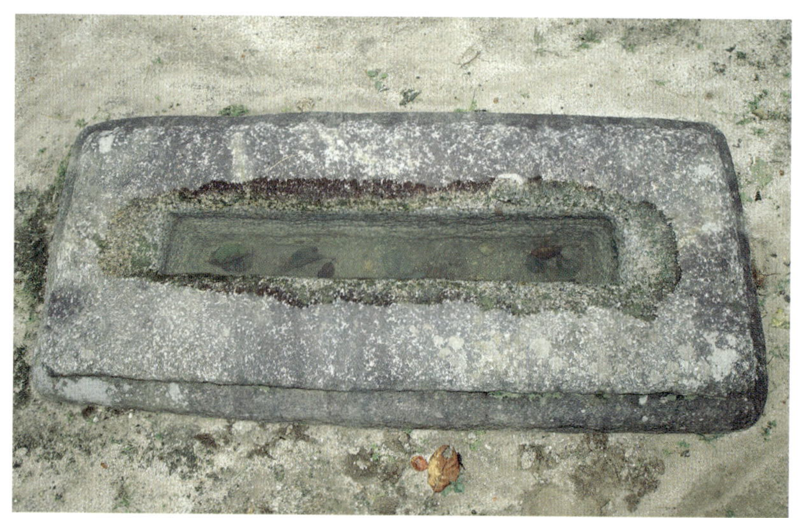

청평산문수원기비淸平山文殊院記碑 **비좌**(서편)

제1마당 서편에 그 비좌가 남아 있고, 2008년에 이 비좌 옆에 '문수원기복원석비'가 높이 2.48m, 폭 1.1m 크기로 새로 세워졌다.

청평산문수사시장경비清平山文殊寺施藏經碑

고려 충숙왕 4년(1327) 원나라 태정泰定의 왕후가 불경佛經과 돈 만금萬金을 내렸는데 이 대장경을 청평산 문수사(문수원)에 보관된 사실을 기념하고 원나라 황실을 축원하고자 세운 비로 원제목은 '유원고려국청평산문수사시장경비有元高麗國清平山文殊寺施藏經碑'[18]이다.

이제현李齊賢이 글을 지었고 서예사의 거목 이암李嵒이 원나라 조맹부趙盟頫 필체의 행서로

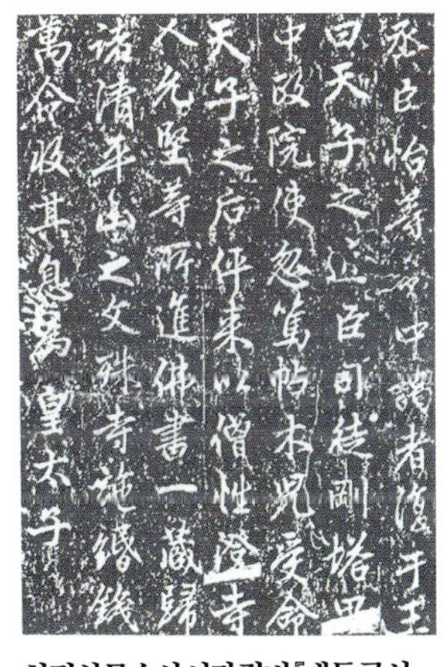

청평산문수사시장경비『대동금석서』탁본

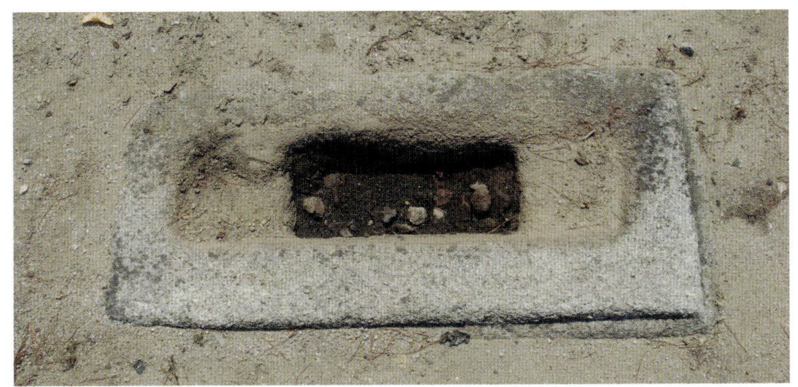

청평산문수사시장경비清平山文殊寺施藏經碑 비좌(동편)

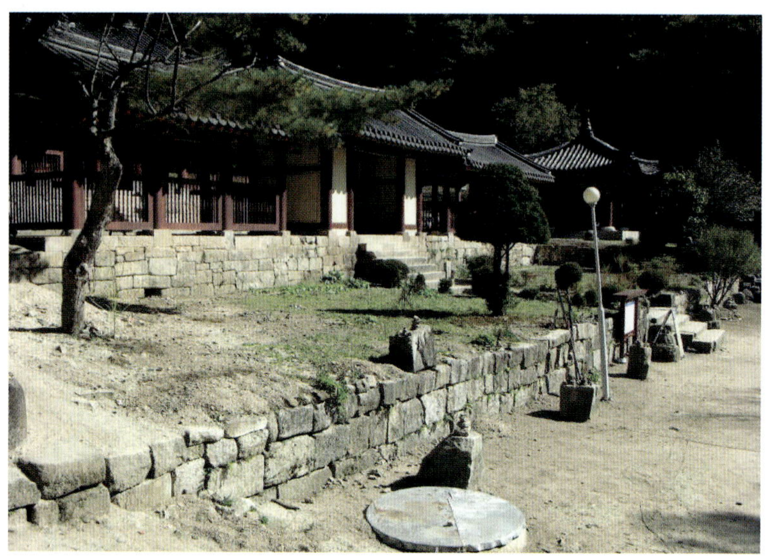

회전문 앞 쌍지터 이 회전문 앞 2단에는 중앙통로 좌우로 연못이 있었다. 2단 석축의 높이는 1m이다.

글을 썼다. 이 비는 일찍이 파손되어 없어졌으나 그 비좌가 경내 제1마당 동편에 남아 있다.

쌍지 터

회전문에 오르기 전 2단 마당에는 경내 서편의 시냇물을 인수하여 중앙통로 좌우로 만든 연못이 있었다. 송남수宋枏壽의 『해동산천록海東山川錄』「강원도사십처江原道四十處」'청평산'에,

"서쪽에서 흐르는 물을 월대 좌우에 끌어들여 큰 연못을 만들었다. 녹수가 깨끗하고 맑으며 연못 사이에는 선로가 있어 사람의 발길이 마치 명경 가운

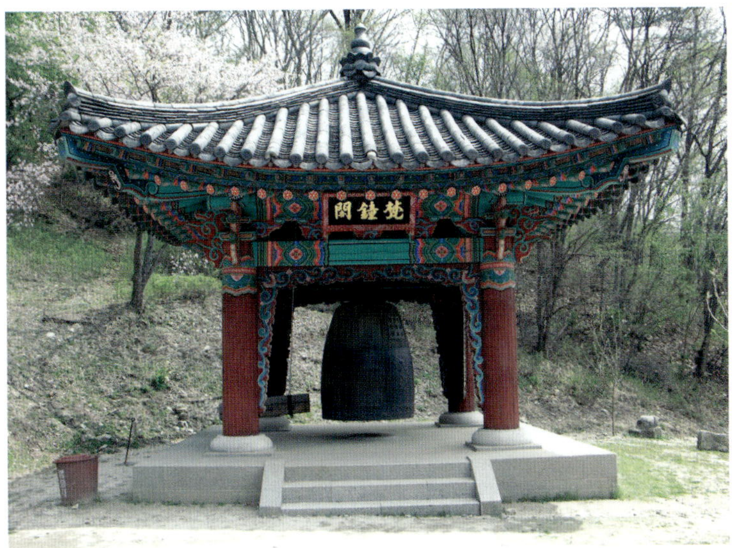

종각

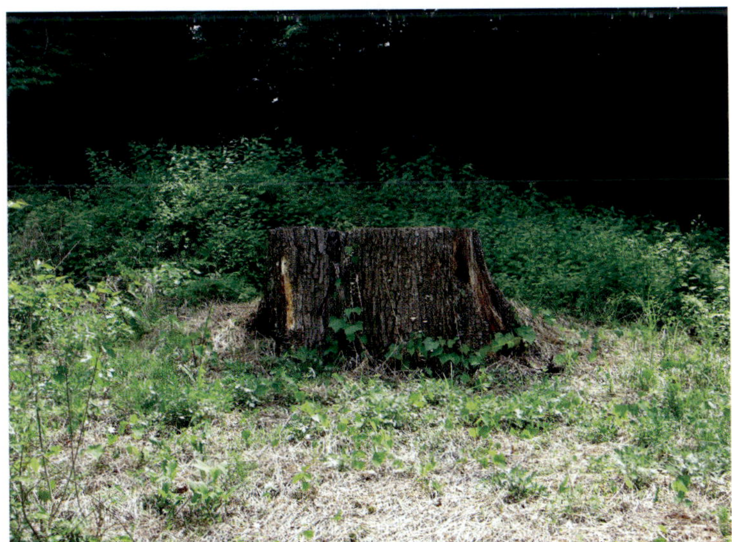

돌배나무(2006) 1998년 고사 당시 근경 1.1m 되는 거목으로 수령이 600여 년이 넘었던 청평사와 역사를 같이한 돌배나무였다. 뒤에 죽단화가 군락을 이루고 있다.

데 있는 듯하다.”

　“引西川水於月坮左右 拓大池 綠水澄明 兩池間 有線路 人行如在明鏡中”

　라고 하였다. 또 『약헌유고』에는 “쌍지 주변으로 주목이 세 줄 식재되어 있다.”고 하였다. 이 쌍지[19]는 큰 연못이었고, 연못 주위로 주목이 세 줄로 식재될 공간으로 보아 현재 2단 마당 폭보다는 넓은 공간이었다.

서천구역

　　서천西川은 절 서쪽 방향에서 흘러내린다 하여 '서천'이란 명칭이 붙었다. 이 서천구역은 절 남쪽 바로 아래 계천에서부터 선동 입구 사이의 계류와 계류 변으로 난 서천길을 중심으로 한 구역이며 계천과 수석이 잘 어우러져 있는 수변 경승처이다.

　　이 구역에는 와룡담폭포臥龍潭瀑布를 비롯해 와룡담, 송대松臺, 환적당과 설화당 부도, 기우단 그리고 현대에 와서 세운 해탈문이 있다. 서천길 중간 서쪽 산록에 확인이 안 되는 건물 옛 터가 남아 있다.

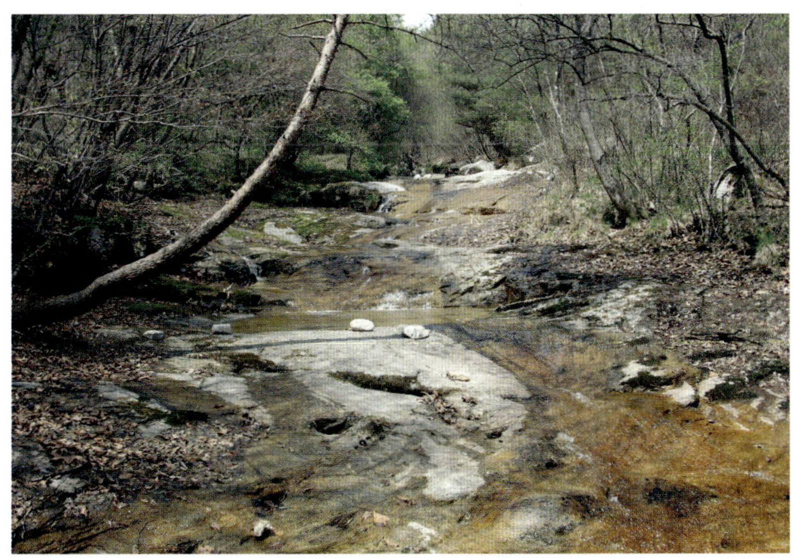

서천西川 계천이 비교적 완만하고 반석이 잘 발달되어 있다. 보우는 『허응당집』에서 이 청평사의 천석泉石의 아름다움은 전국에서 으뜸이라고 하였다.

『청음집』 '서천西川' 에 "산중에서 서천의 수석이 단연 맑고 빼어나며 서천의 물줄기가 굽이치다 중간에 활짝 뚫려 환한 하늘이 열린다."고 하였다. 또 "청평에서 유람하기에 그 즐거움이 비길 데 없는 곳이다."라고 했다. 그리고 김득신金得臣의 『백곡시집柏谷詩集』 4권 「청평산가淸平山歌」에서는 "많은 길 중에 서천 길이 최고로 기이한 절경이다."라고 하였다.

이 서천은 다른 구역에 비해 비교적 경사가 심하지 않아 계류가 완만하게 흐르며 계천을 따라 거닐며 주변 경관을 즐길 수 있는 청평사 내 보기 드문 산책(유람) 경관처이다.

『춘천읍지』 유숙의 「제영」 '서천西川' 에,

늘어선 산봉우리들이 서로 얽힌 듯	閱峀勢如拱
아침마다 서간 물가에서 노노라.	來朝西澗濱
도랑은 높아 돌구멍을 열어놓고	窪樽開石竇
헌 장삼의 얼룩을 씻노라.	壞衲洗雲紋
흐르는 물은 용같이 굴곡져 있고	流水龍屈曲
노는 고기는 가다 쉬다 하네.	遊魚拖息分
꽃이 골짜기에 피었음을 가르쳐 주지 마라	莫敎花出谷
세상 사람이 들으면 꺾어갈까 근심이로다.	愁殺世人聞

라고 서천 물가의 풍경을 담고 있다.

와룡담臥龍潭폭포

절 남쪽 아래 서천이 시작되는 곳에 있는 이 '와룡담폭포' [20]는 소폭포로 이 폭포 아래 있는 소沼를 '와룡담' 또는 '구담臼潭'이라 불렀다. 지금은 공주설화와 연관해 속칭 공주탕이라고 불린다.

정약용의 『여유당전서』「청평사관폭사수」중 '와룡담폭포'에,

쇠 벽은 선천先天에 주조되고	鐵壁先天鑄
구리 함지는 네모 반듯반듯	銅函一矩方
갓 내린 비마저 힘이 더해서	更添新雨力
들끓어 넘지누나 태화太和의 탕	因沸太和湯

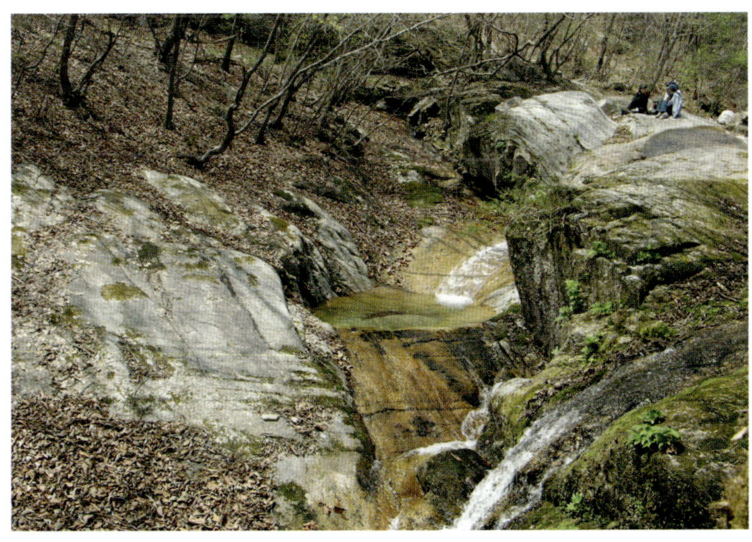

와룡담臥龍潭폭포와 와룡담 이 와룡담은 폭포 아래 움푹 파인 것이 마치 절구 같아 '구담臼潭'이라고도 하였다. 현재 공주설화와 연관해 속칭 '공주탕'이라고 불린다.

예리하게 산을 뚫을 듯하고	銳欲穿山入
삼림을 뒤흔들어 서늘도 하다.	喧能撼樹涼
유람객들은 대부분 모르고 지나치고	游人多錯光
우거진 수풀이 용의 광채 보호하네.	叢翳護龍光

라고 와룡담을 네모난 함지에 비유하면서 비 온 후 힘차게 넘쳐 흐르는 폭포의 모습을 담고 있다. 서종화는 『약헌유고』에서 이 와룡담을 절구같이 생겼다 하여 '구담臼潭' 이라 불렀다.

박장원[21]은 『구당집』에,

"서쪽에 계천이 흐르는데 가로 질러진 반석은 위, 아래가 거의 1리나 되었다. 세차게 쏟아지는 폭포는 그 소리가 마치 거문고를 연주하는 듯해 듣기에도 매우 아름다웠다."

라고 서천에 길게 깔린 반석과 와룡담폭포의 흐르는 폭포 소리에 감탄하고 있다. 또 박장원과 동행한 청평사 승려가 고하길,

"여름에 빗물이 가득 차면 그 모양은 마치 일군의 용들이 노해서 싸우는 듯하고 그 소리는 마치 바람과 우뢰가 노해서 덮쳐드는 형세로 벼랑과 골짜기를 진동시키면 숲과 나무도 복종하고 맙니다. 이곳에 이르러 두려워 넋을 잃지 않은 이가 거의 없으니 이때가 가장 장관입니다."

라고 와룡담폭포가 수량이 넘칠 때 우렁차고 힘 있게 흐르는 모습을 감동적으로 설명하고 있다.

서천 송대松臺

와룡담폭포 바로 위쪽 계천 건너에 있으며 『약헌유고』에 "송대에는 장송長松 한 그루가 있는데 독송獨松이라 부르며, 이 송대 상에 매월당 김시습이 정자를 짓고 거처하였다."고 하였다. 보우의 『허응당집』에도 이 송정松亭이 보인다.

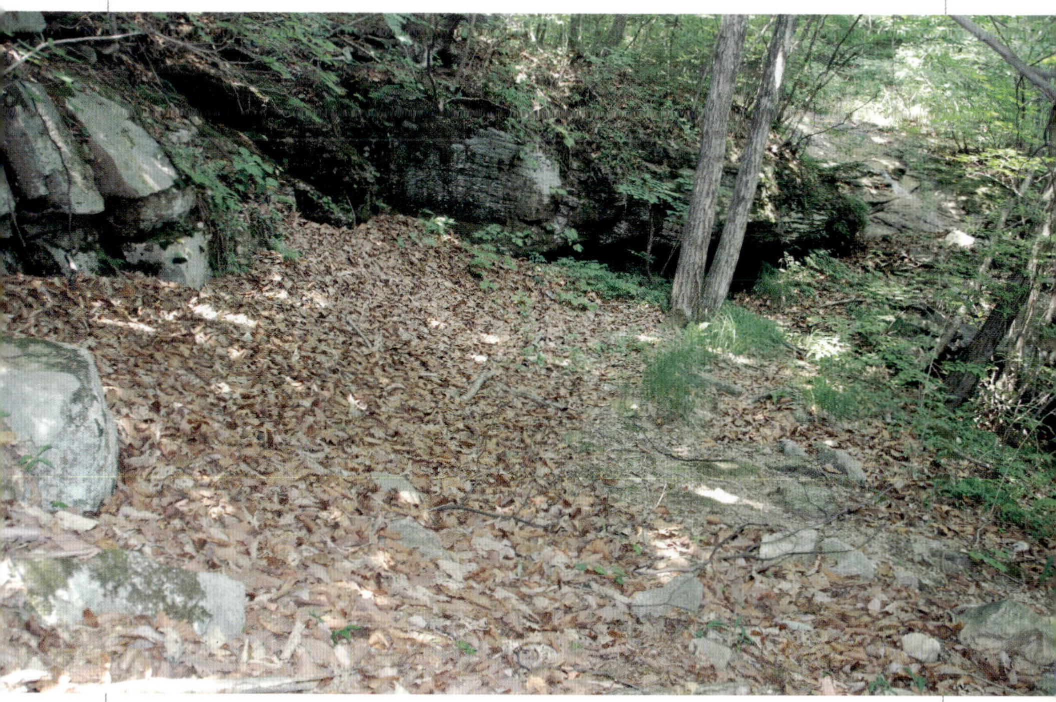

송대松臺 이 송대에 매월당 김시습이 한때 송정松亭이란 정자를 짓고 거처하였다.

기우단祈雨壇

『약헌유고』에 의하면 "송대의 서측에는 이층의 단이 있는데 춘천부사가 비를 기원하던 곳으로 기원하는 것이 정성스러우면 감응이 종종 있었다."고 하였다. 사찰 영역에 기우제를 지내던 기우단이 있는 것은 매우 이례적이다.

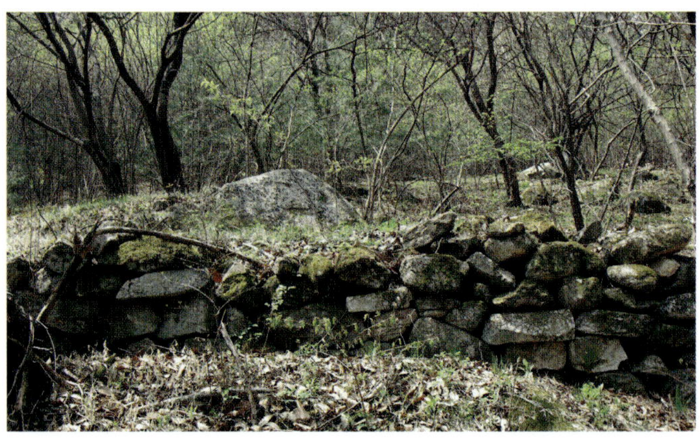

기우단祈雨壇 아랫단은 쌓고 윗단은 자연암반을 이용한 이단구조로 기우제를 지내던 곳이다.

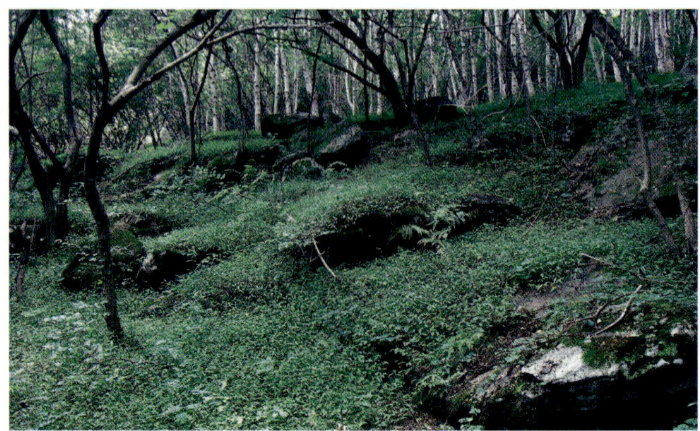

서천 자작나무 숲 서천의 기우단 부근은 비교적 완만한 지형을 이루며 암석이 산재해 있다. 위쪽이 자작나무 숲이다.

와룡담폭포를 지나 계천 건너 서쪽으로 가다보면 한 단은 인공석축이고, 또 한 단은 자연암반을 그대로 이용한 이단 형태의 기우단이 남아 있다.

환적당幻寂堂 부도

선동을 향해 가다 보면 경내에서 직선거리 296미터에 서천 중간 길목 오른쪽으로 두 개의 부도가 나란히 서 있는데, 동편이 환적당 부도이고 서편이 설화당 부도이다.

환적당은 조선의 선승 의천義天의 호로, 자는 지경智鏡이며 1651년경 청평

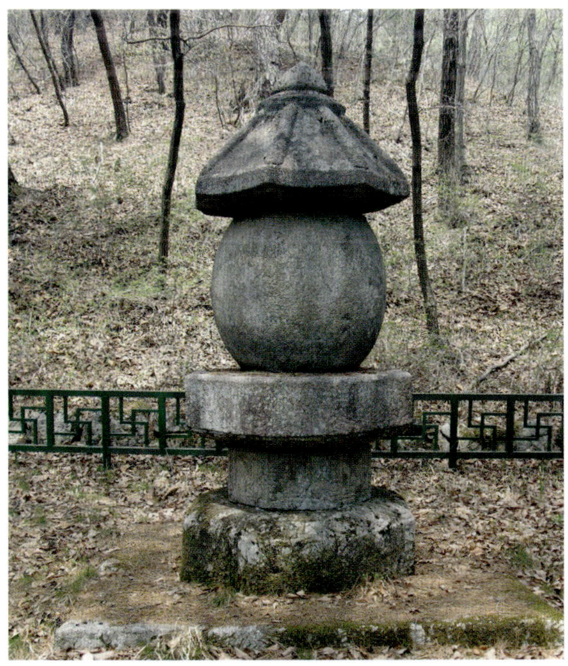

환적당幻寂堂 부도

사 양신암에서 수도한 기록이 있고 1690년 해인사에서 입적하였다. 사리 중 일부가 청평사에 봉안되었는데 이 부도가 환적당 부도[22)]이며 부도 뒷면에 환적당이란 각자刻字가 있다.

설화당雪和堂 부도

환적당과 나란히 있는 설화당 부도[23)]가 누구의 부도인지는 알려져 있지 않다. 그러나 서종화의 『약헌유고』에서 "서천에는 2기의 부도가 있다."고 한 것으로 보아 환적당 부도와 함께 조선 중기 이전에 이미 있던 부도이다.

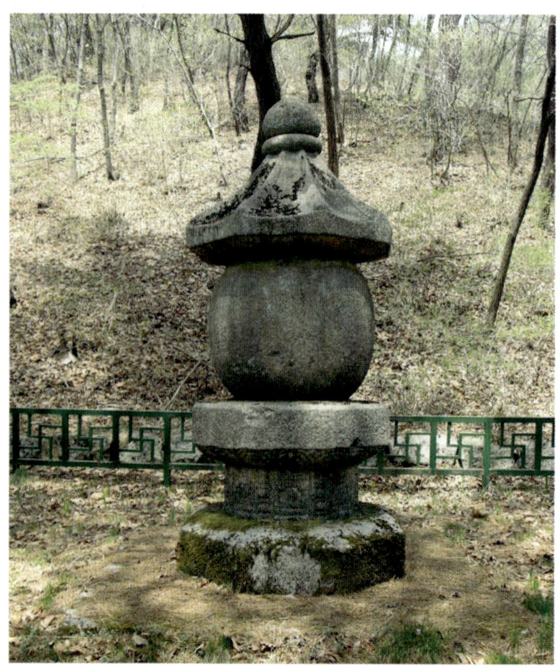

설화당雪和堂 부도

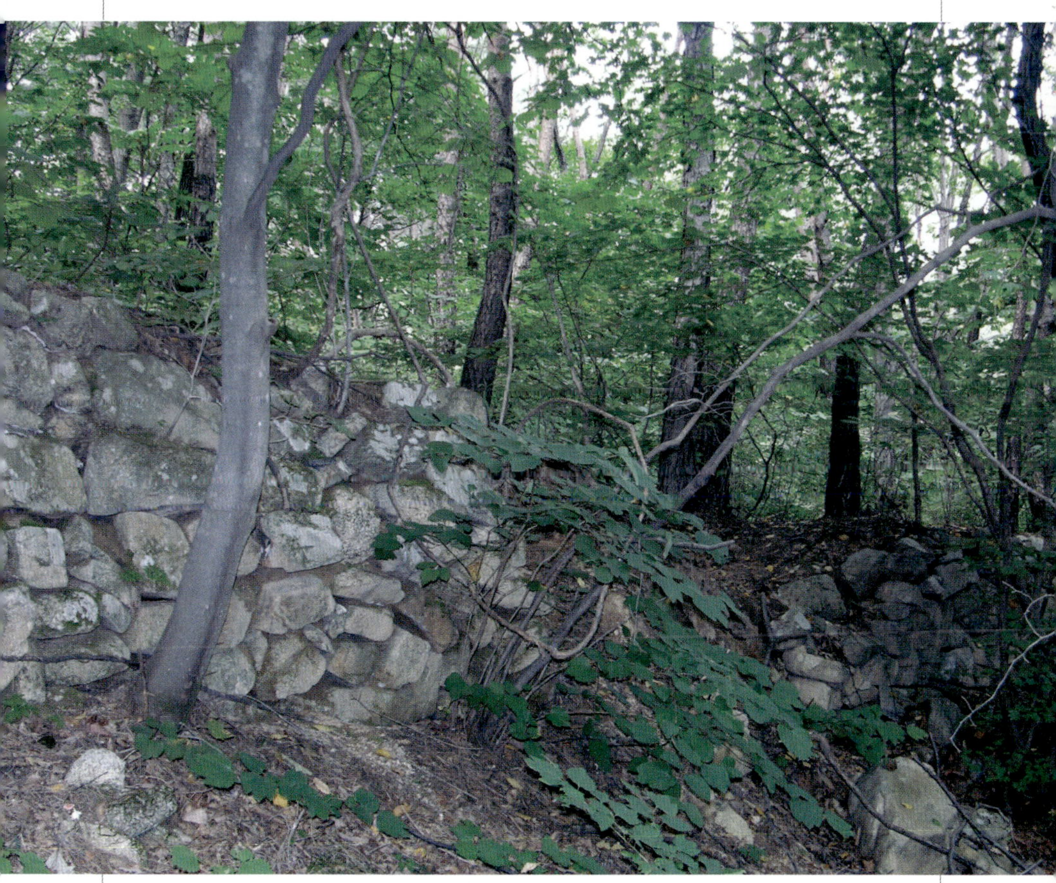

건물 옛터 환적당 부도와 해탈문 중간 서천길 서쪽 산록에 확인이 안 되는 옛 건물 터

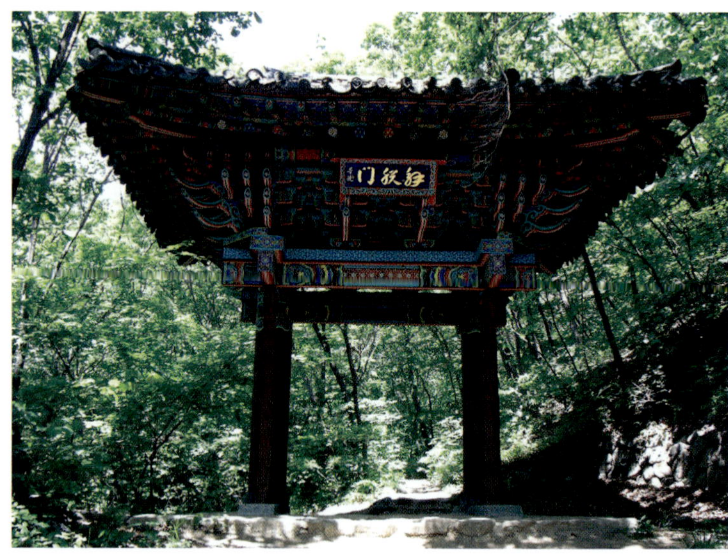

해탈문

해탈문解脫門

선동에 들어서기 전 서천 길목에다 현대에 와서 세운 문이다. 일반적으로 절의 경내로 들어가려면 일주문을 통해 해탈문이나 천왕문을 지나게 되는데, 청평사 해탈문[24]은 이러한 범례를 벗어나 경외에 있다. 해탈문은 이 문을 지나 절 내로 들어설 때 세상의 온갖 근심걱정에서 벗어나 안락하고 자유로워지라는 뜻에서 세워진다.

선동구역

선동仙洞은 서천 지류인 서북쪽 계류를 중심으로 한 구역으로, 계곡이 협소해지면서 경사가 급해지는 협곡지형이다. 이자현의 필적으로 알려진 '청평선동清平仙洞' 각자刻字[25]가 석벽상에 새겨진 수직 암벽이 늘어서 있는 곳이 선동의 입구로 경내에서 직선거리 533미터에 있다.

이 선동구역은 이자현 때 식암이 들어선 이후에도 여러 암자가 계속 들어서 선원 내 암자가 가장 많이 보이는 곳이다. 선동에는 현재 식암 터에 적멸보궁寂滅寶宮이 유일하게 복원되어 있다. 식암 서쪽 아래 산록에 신동암仙洞菴 터와 이 선동암 터 위로 나한전羅漢殿 터가 남아 있다. 문헌에는 이밖에도 원통암圓通庵, 등운암騰雲庵, 상암上庵 등 확인이 안되는 암자명들이 보인다.

선동에는 암자 이외에 석대石臺, 척번대滌煩臺, 부도 등과 현대에 세운 5층석탑이 있다. 선동의 폭포로는 식암 상·하폭포와 척번대 2단폭포 그밖에 수많은 작은 폭포들이 있다.

서종화의 『약헌유고』에 "선동은 그 골이 좁았다 넓어지면서 기이한 바위와 절벽이 마치 병풍처럼 둘러져 있고 물이 벽류를 이루며 강약으로 흘러 마치 비파소리 같고 골은 깊고 그윽한 흥취를 일으켜 이곳을 떠나지 못하게 한다."라고 선동의 지형지세를 자세히 묘사하고 있다.

선동의 경관에 대해서 「청평사지」 '잡록雜錄'에서는 경치가 빼어난 기이한 경관처라 하였다. 또 『약헌유고』에서는 '청평사에서 선동이 가장 빼어난 경

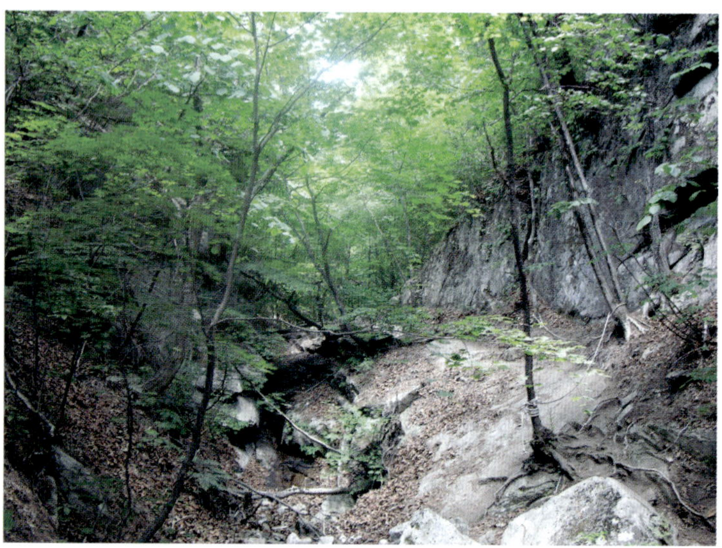

청평선동 암벽 해탈문을 지나 가파른 경사길을 오르면 바로 깎아지른 듯한 긴 암벽이 늘어서 있는데 이곳이 선동 입구이다. 오른쪽 암벽 상에 이자현의 필체로 알려진 '청평선동清平仙洞' 각 자가 새겨져 있다.

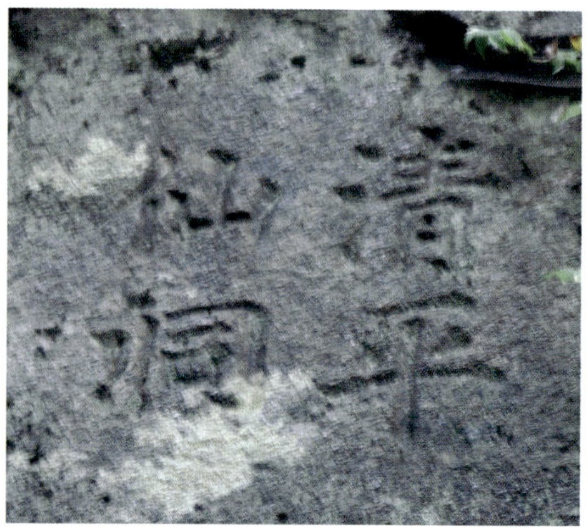

'청평선동清平仙洞' 각자刻字

관’ 이라고 하였다.

『춘천읍지』 유숙의 「제영」 ‘선동仙洞’ 에,

홀로 소문에 휘파람 불어	獨發蘇門嘯
진락옹을 찾아왔노라.	來尋眞樂翁
신선은 아름다운 동네에서 살고	仙居玉洞裡
필적은 푸른 절벽 중에 있도다.	筆跡翠岸中
학이 사라지니 한 송만 늙고	鶴去寒松老
중이 없어지니 옛 절은 비었네.	僧殘古寺空
벼슬을 쉬고 숲 아래서 잠깐 쉼이	休官林下少
천 년의 고풍에 읍하는 듯	千載揖高風

라고 진락공 이자현의 발자취와 선동에 들어와 느낀 감회를 읊고 있다.

이 선동은 소협곡 속에 빠져 들어가 마치 속세와 격리되어 자연에 완전히 동화된 듯한 분위기를 지닌 경승처로 이자현이 즐겨 찾던 참선 수행처이다.

식암(息庵, 적멸보궁)

선동 입구 암벽에서 직선거리 312미터 북쪽계곡으로 오르면 가파른 산록에 수직암벽인 입암立巖이 있는데 이 입암 옆에 문수원 중건시 이자현이 세운 암자가 식암이다. 이 식암은 청평사 내 대표적이고 상징적인 암자로 곡란암鵠卵庵이라고도 불렀다. 『여지도서』 「강원도」 편에 6칸 규모라 했다. 현재 이 식

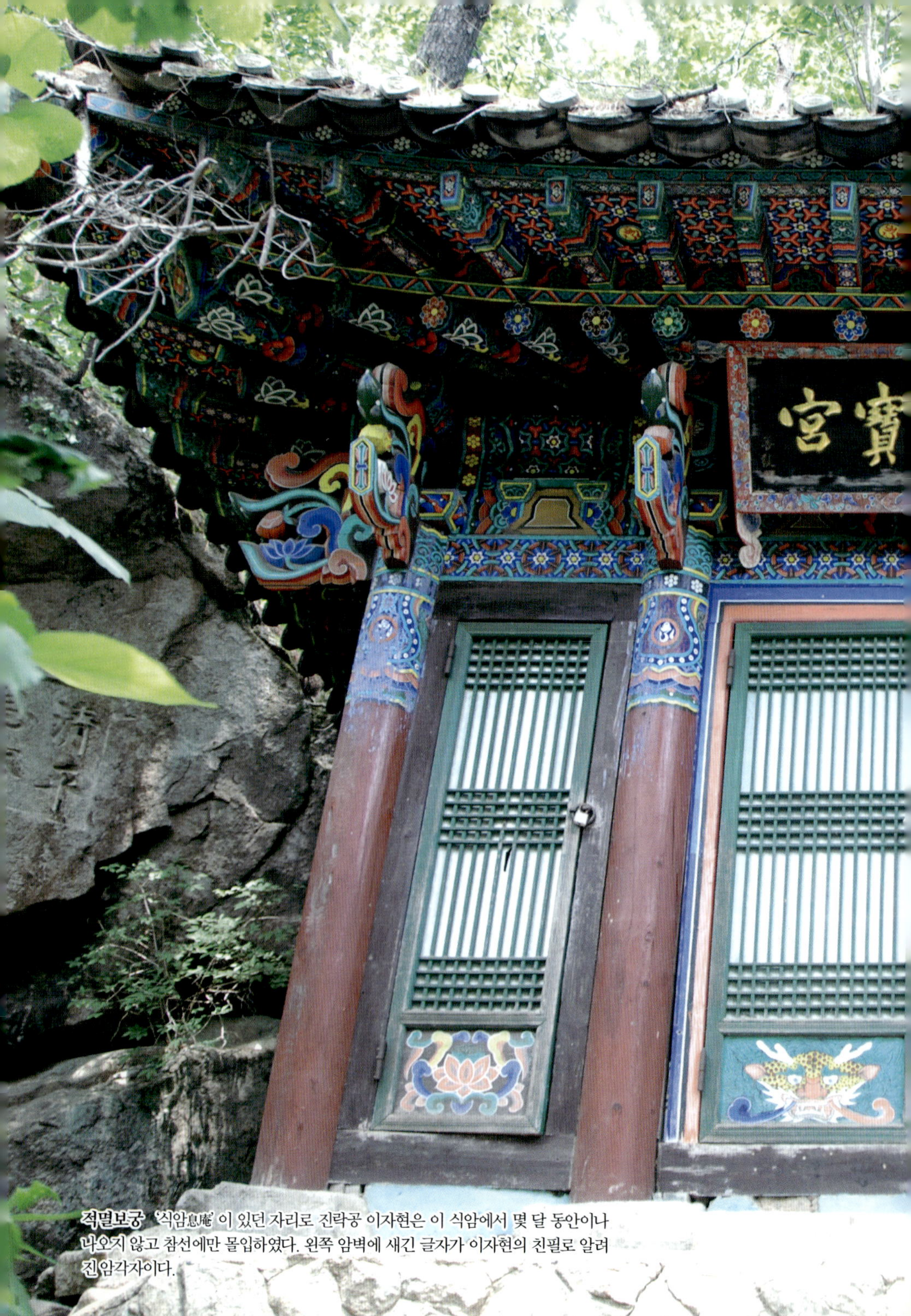

적멸보궁 '식암息庵'이 있던 자리로 진락공 이자현은 이 식암에서 몇 달 동안이나 나오지 않고 참선에만 몰입하였다. 왼쪽 암벽에 새긴 글자가 이자현의 친필로 알려 진 암각자이다.

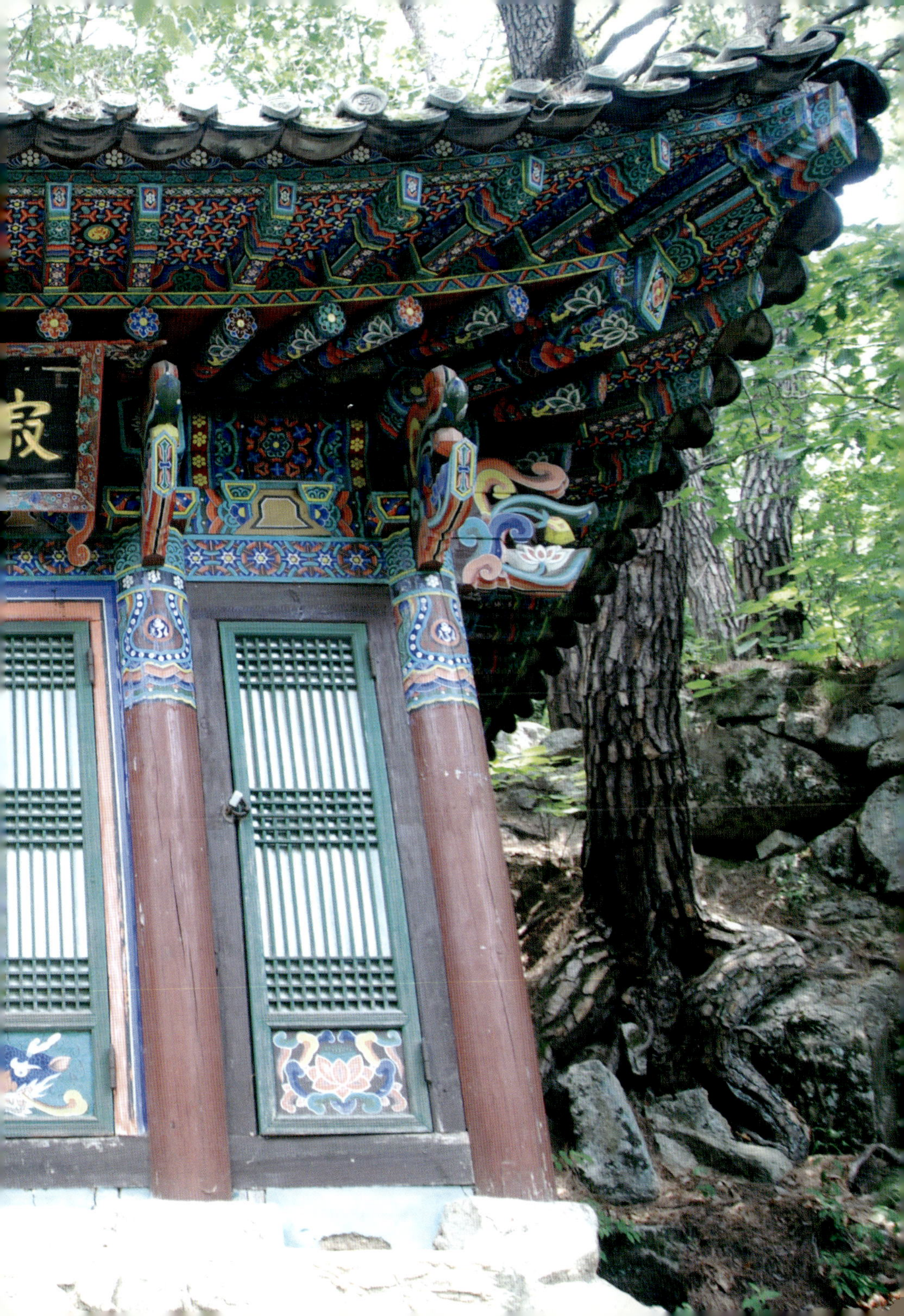

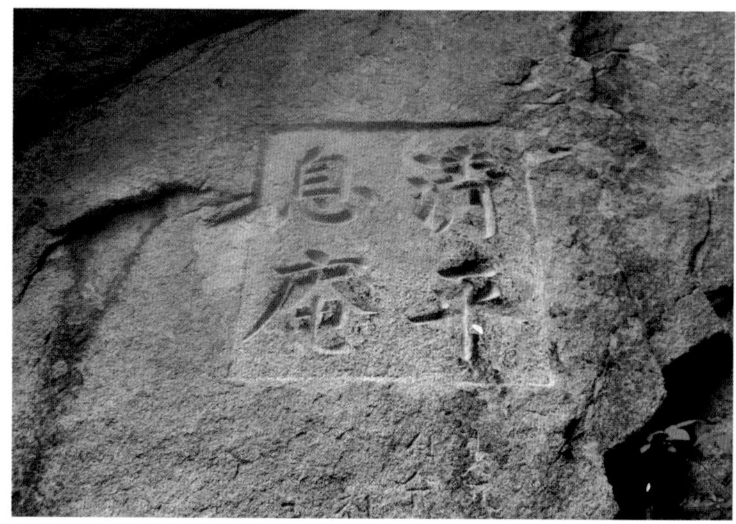

청평식암清平息庵**각자**

암 터에는 1978년 지은 적멸보궁寂滅寶宮[26]이 복원되어 있다. 이 적멸보궁(식암) 서편 바로 옆 암벽에는 '청평식암清平息庵' 각자가 남아 있다.

고려 중기 이인로李仁老의 『파한집』 「진락공이자현眞樂公李資玄」 중에,

"선동 절경처에다 식암을 세웠는데 둥그스름하여 마치 고니알[鵠卵]과 같고 겨우 두 무릎을 펼 만한데 이자현이 그 곳에 묵묵히 앉아 몇 달 동안이나 나오지 않았다."

라고 한 바로 그 암자로 지형에 맞춰 작고 둥그스름하게 지었다는 의미에서 고니알에 비유하였다.

보우는 「청평팔영」 '식암관정息菴觀靜' 에,

암자는 선동의 그윽한 곳에 있고	庵在仙區奧
암자는 옛 산골 물 주위에 자리 잡았네.	軒臨古澗圍
산꽃은 붉어 비단으로 병풍을 친 듯하고	山花紅錦障
바위의 계수나무는 푸르러 비단으로 휘장을 두른 듯하다.	岩桂碧羅幃
가깝거나 먼 곳 승려들이 찾는 것이 적고	隣遠僧來少
구름이 깊어 속인들이 이르는 것이 드무네.	雲深俗倒稀
적막하게 편히 앉아 고요함을 보니	寥寥無事坐
천지조화의 심오한 비밀이 드러나네.	觀靜露天機

라고 선동 골짜기 깊숙이 있는 식암에서 고요하고 적막한 분위기 속에 참선하는 모습이 엿보인다.

또 『구당집』 중에는,

"암자는 암벽 끝에 매달린 채 까마득히 아래를 내려다보고 있어 사람들로 하여금 어지럽고 가슴이 두근거리도록 만들었다."

고 하여 암벽 위에 걸친 듯하게 세운 식암의 모습을 담고 있다. 이 식암에서는 협곡 사이로 뚫린 남쪽 시야가 선동에서 가장 멀리 보이는 곳이다.

석대石臺

송단松壇 또는 송대松臺라고도 불렀다. 『구당집』에 "암자 뒤쪽의 석대에서 멀리 동남쪽 산봉우리가 보인다."고 했고, 김창협金昌協의 『농암집農巖集』24권 「동정기東征記」(이하 『농암집』)에는 "암자 뒤 깍은 듯 서 있는 절벽 위에 송단(석대)을 만들었는데 단출하면서도 아득하여 앉아 쉴 만하다." 하였다.

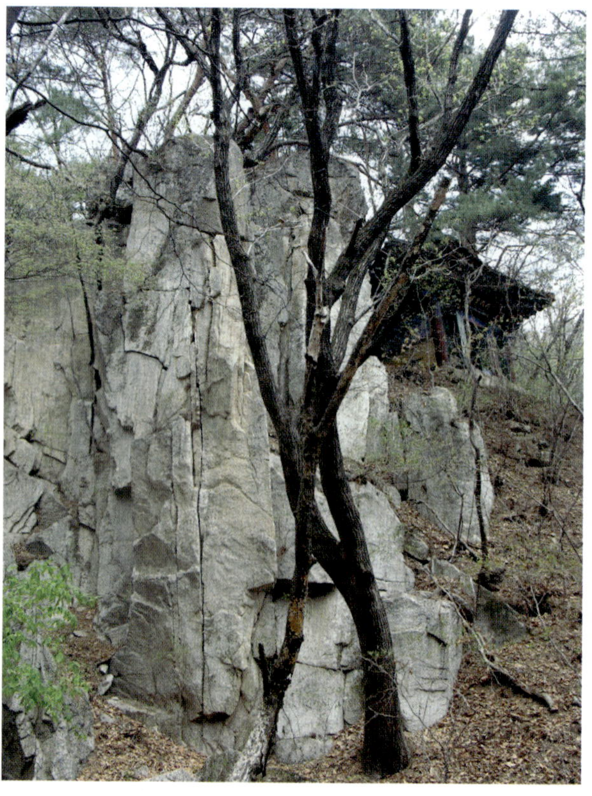

석대石臺 입암立巖 위에다 만든 대로 송대松臺 또는 송단松壇이라고도 불렀다. 이 석대 오른쪽이 적멸보궁(식암)이다.

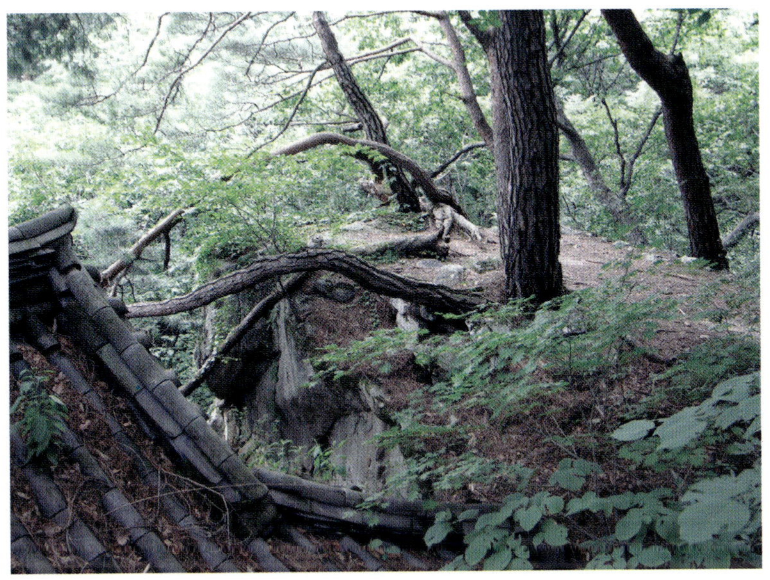

석대·상층면 입암 위를 평평하게 만들어 죄선처로 이용하였다. 왼쪽은 저멸보궁(지붕)이다.

선동암仙洞庵

이자현이 원외에 세운 십여처 중 식암과 같이 나오는 암자로 『약헌유고』에
는 "입암 옆에 2층폭포가 있고 그 곁에는 선동암[27]의 옛터로 진락공(이자현)이
지팡이를 걸어 두었던 곳이다."라고 하였다. 또 "앞뜰에는 두 구루의 오래된
배나무가 있으며 진락공이 심은 것으로 여겨진다."고 하였다. 정시한은 『우
담집』에서 이 선동암을 모당茅堂이라 불렀다. 식암(적멸보궁) 서편 아래에 흐르
는 상·하폭포 사이에 선동암 터가 남아 있다.

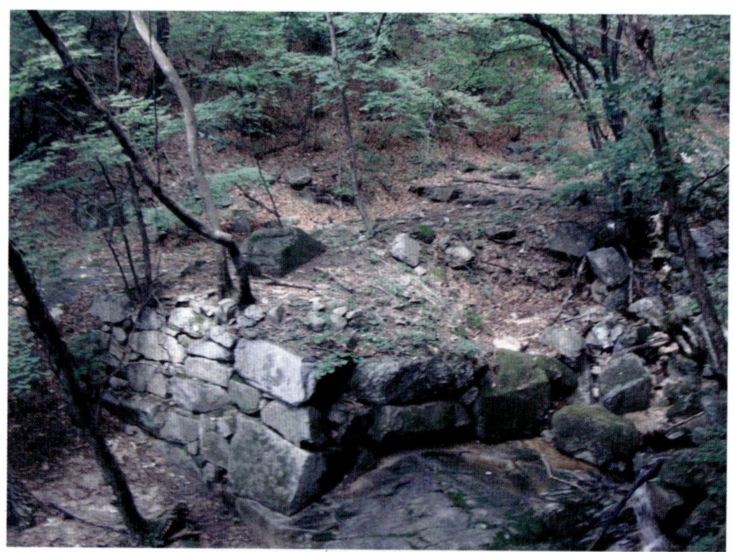

선동암仙洞庵 **터** 서종화가 『약헌유고』에서 진락공 이자현이 지팡이를 걸어 두었던 선동 옛터란 곳이다. 모당茅堂이라고도 불렀다.

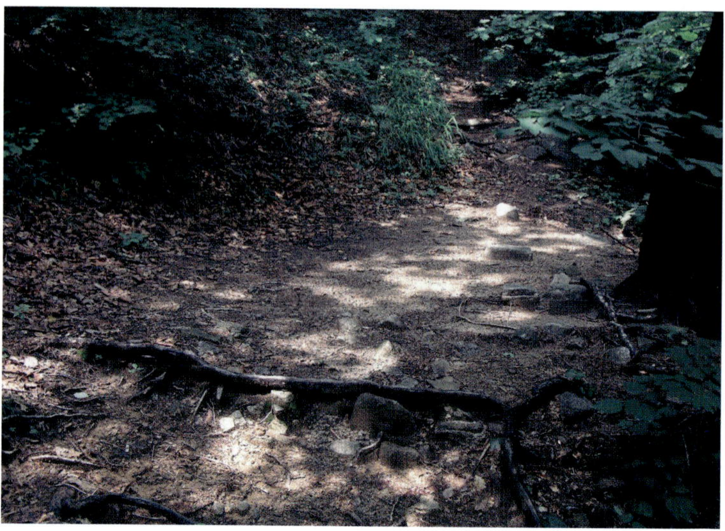

나한전羅漢殿 **터** 선동암 위쪽에 있으며 나한전 아래가 식암 상폭과 너럭바위이다.

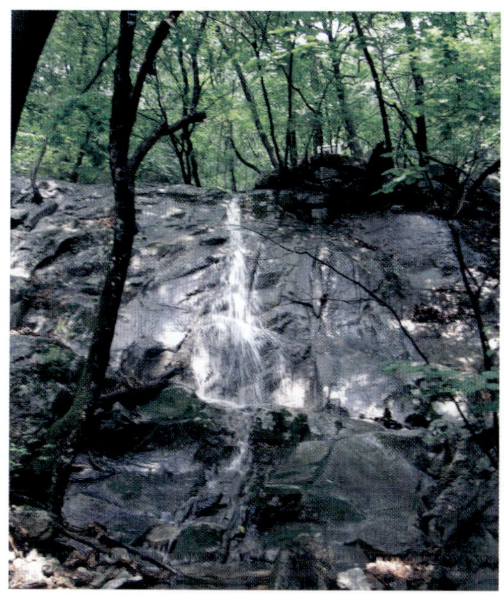

식암 상폭 높이 5.5m의 폭포로 폭
포가 비스듬한 석벽을 타고 흐른다.
폭포 위가 이자현의 세수 터가 있는
너럭바위이다.

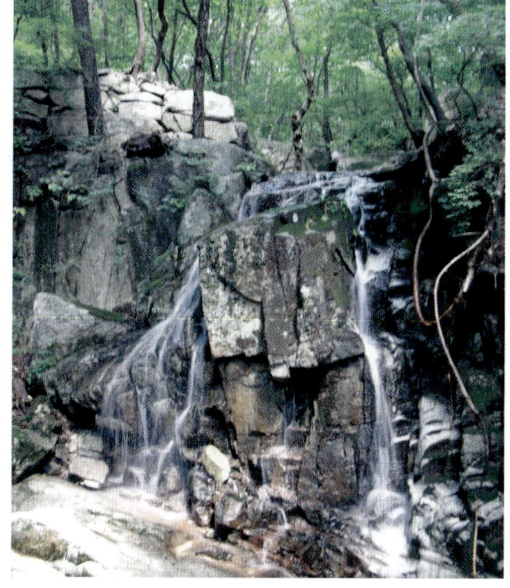

식암 하폭 높이 4.5m의 폭포로 폭
포 서쪽 위편에 보이는 축단이 선동
암 터이다.

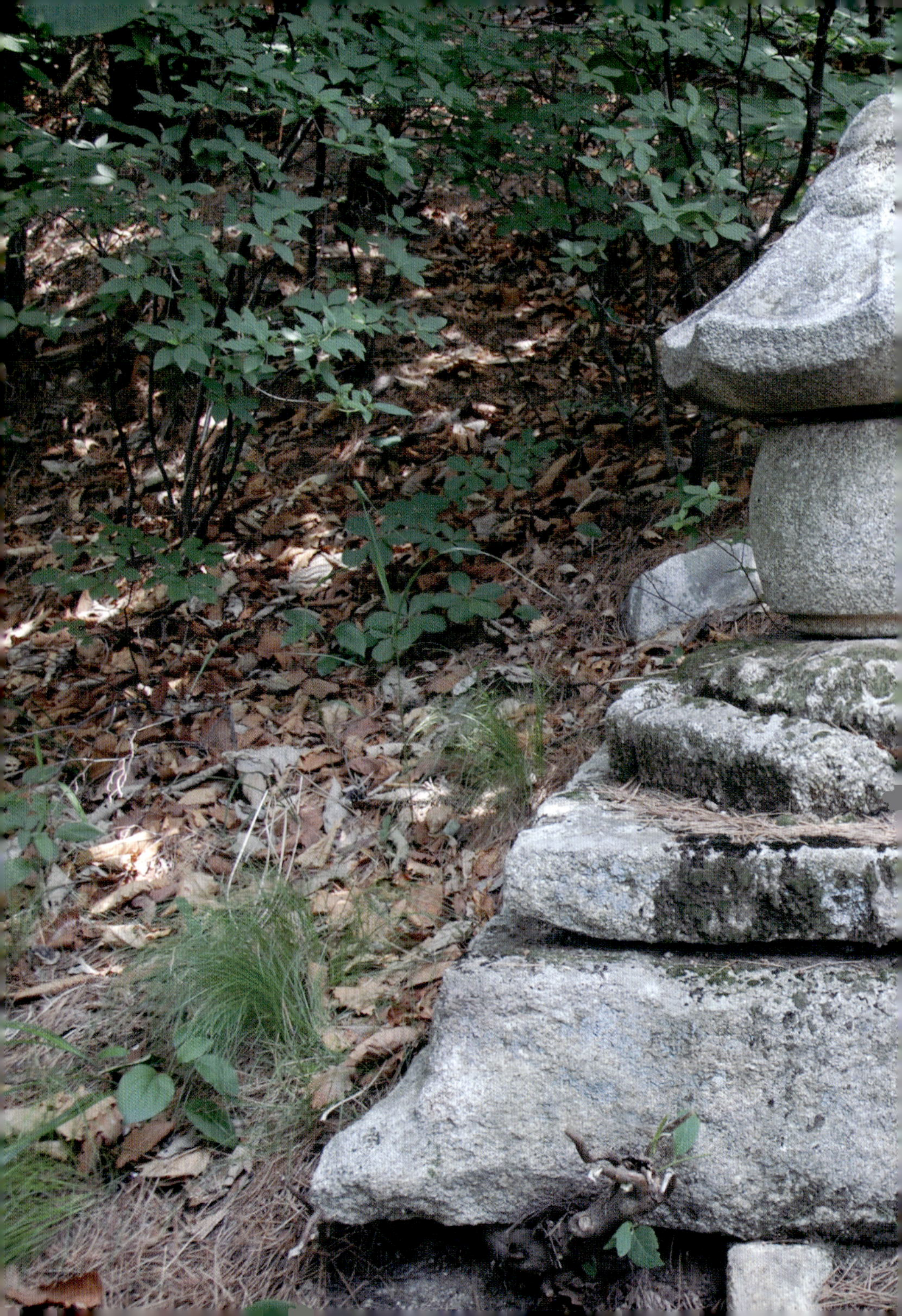

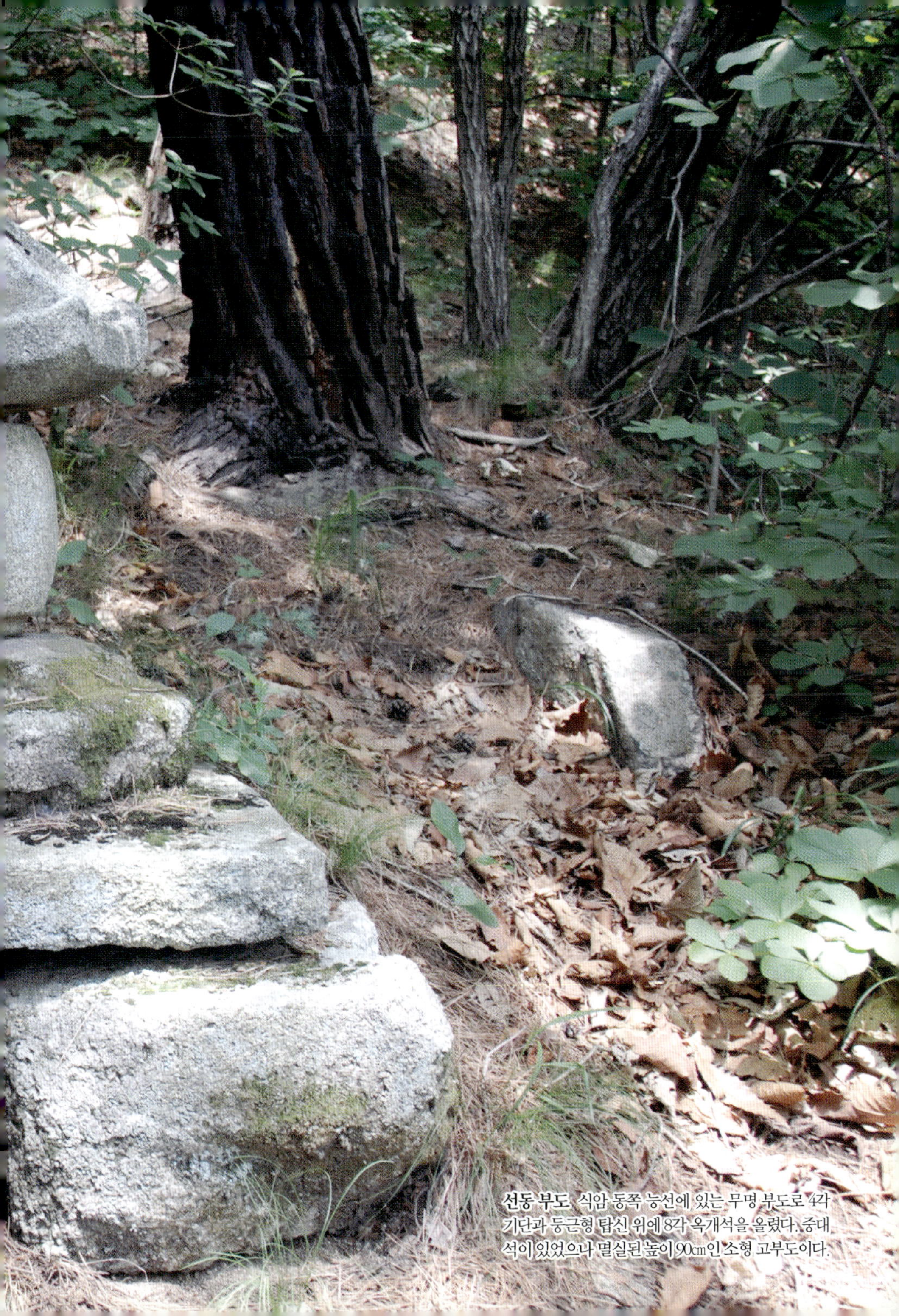

선동 부도 식암 동쪽 능선에 있는 무명 부도로 4각 기단과 둥근형 탑신 위에 8각 옥개석을 올렸다. 중대 석이 있었으나 멸실된 높이 90㎝인 소형 고부도이다.

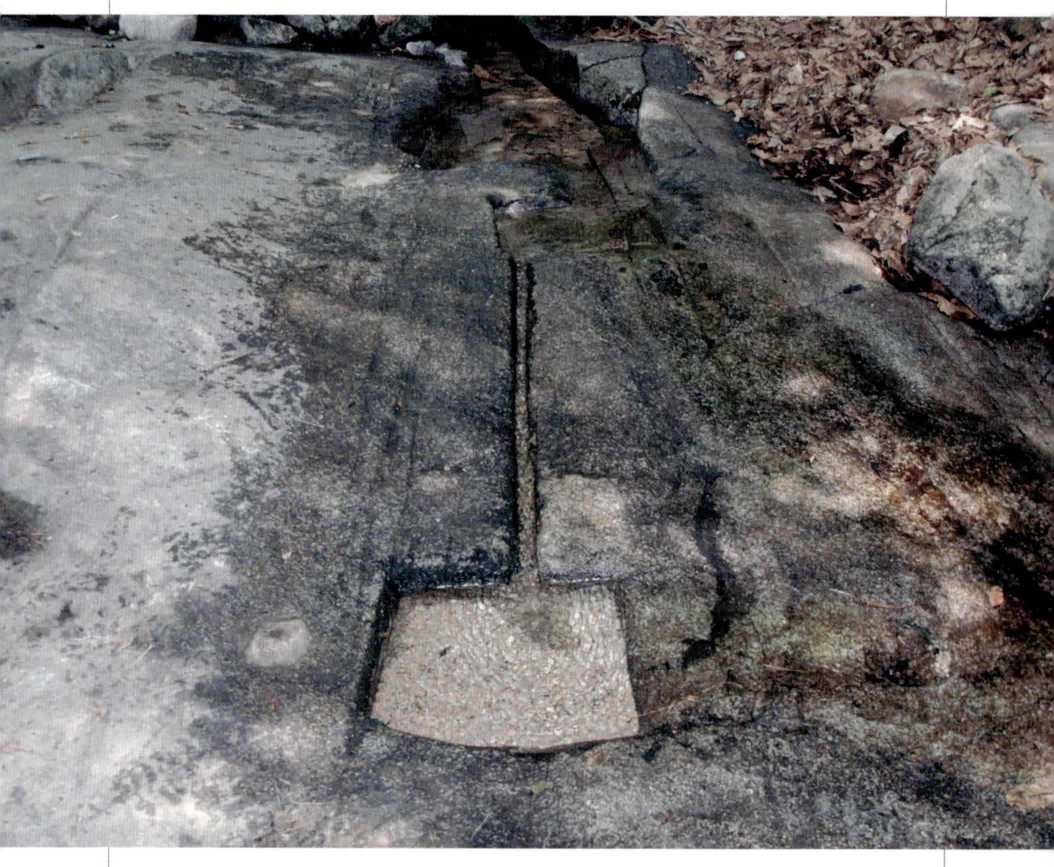

진락공 세수 터 식암 상폭 너럭바위에 있으며 『약헌유고』에 진락공(이자현)이 예불할 때 목욕하던 곳이라 했고, 『우담집』에서는 위에 있는 것은 손을 씻는 곳이고 아래는 발을 씻는 곳이라 하였다.

나한전羅漢殿

『청음집』에 식암 뒤에는 나한전[28]이 있고 나한전 앞에는 물줄기가 떨어지는 비스듬한 석벽이라 했고, 또 『약헌유고』에 "선동 옛터 위쪽이 나한전이며 나한전 계단 아래에는 반석이 평평하게 깔려져 있다."라고 하였는데 여기서 석벽과 반석은 식암 상폭과 진락공의 세수터가 있는 너럭바위를 말한다.

척번대滌煩臺

이 척번대[29]는 선동입구 석벽에서 북쪽계곡으로 직선거리 205미터 벌어신 2단폭포 서쪽 산록에 있다. 자연적으로 형성된 판석절리의 수직 임석 위에

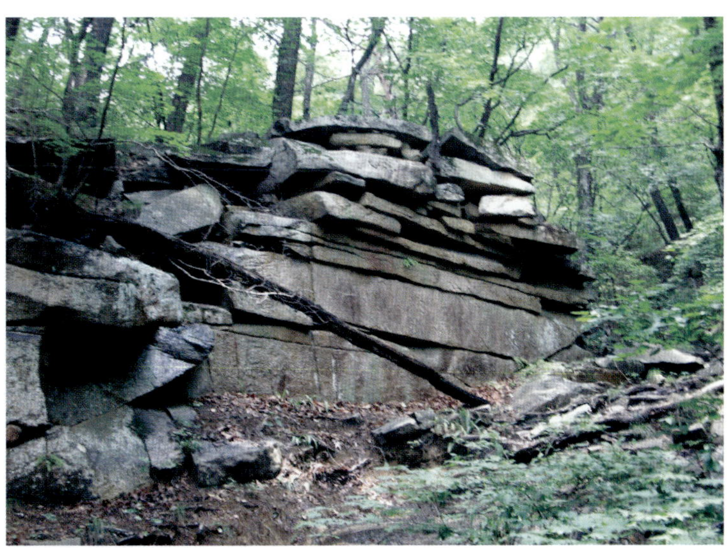

척번대滌煩臺 자연적으로 생긴 판석절리의 암석에다 상층면을 평평하게 다져 대臺 공간으로 이용하였다.

한, 두 층을 더 쌓아 상층 면을 평평하게 만들어 대臺 공간으로 이용하였다. 척번대 수직면의 크기는 길이 5.5m, 높이 3.3m이다.

구사맹具思孟의 『팔곡집八谷集』 「청평산 15절淸平山 十五絶」 '척번대' 에,

모름지기 구층으로 쌓지는 않았지만	不須壘九層
저절로 가히 번뇌를 줄일 수 있었네	自可蠲煩惱
세상에 이름 내는 데에 열중을 많이 하여	名路熱中多
누가 능히 이 늙은이에게 마음을 기울일 수 있겠는가?	誰能向此老

라 하였다. 척번대는 9층이 채 안되며 이곳에 오르면 번뇌가 사라진다 하여 구사맹은 '척번대' 라 하였다. 서종화는 『약헌유고』에서는 7층석대라 불렀다.

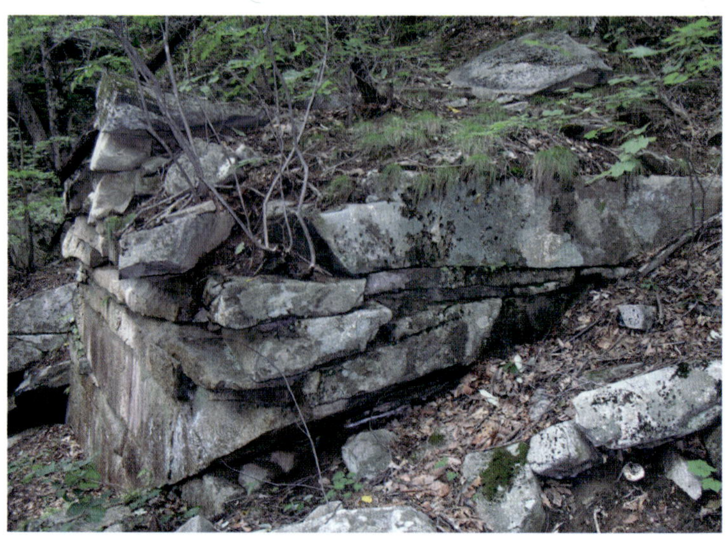

척번대 옆면

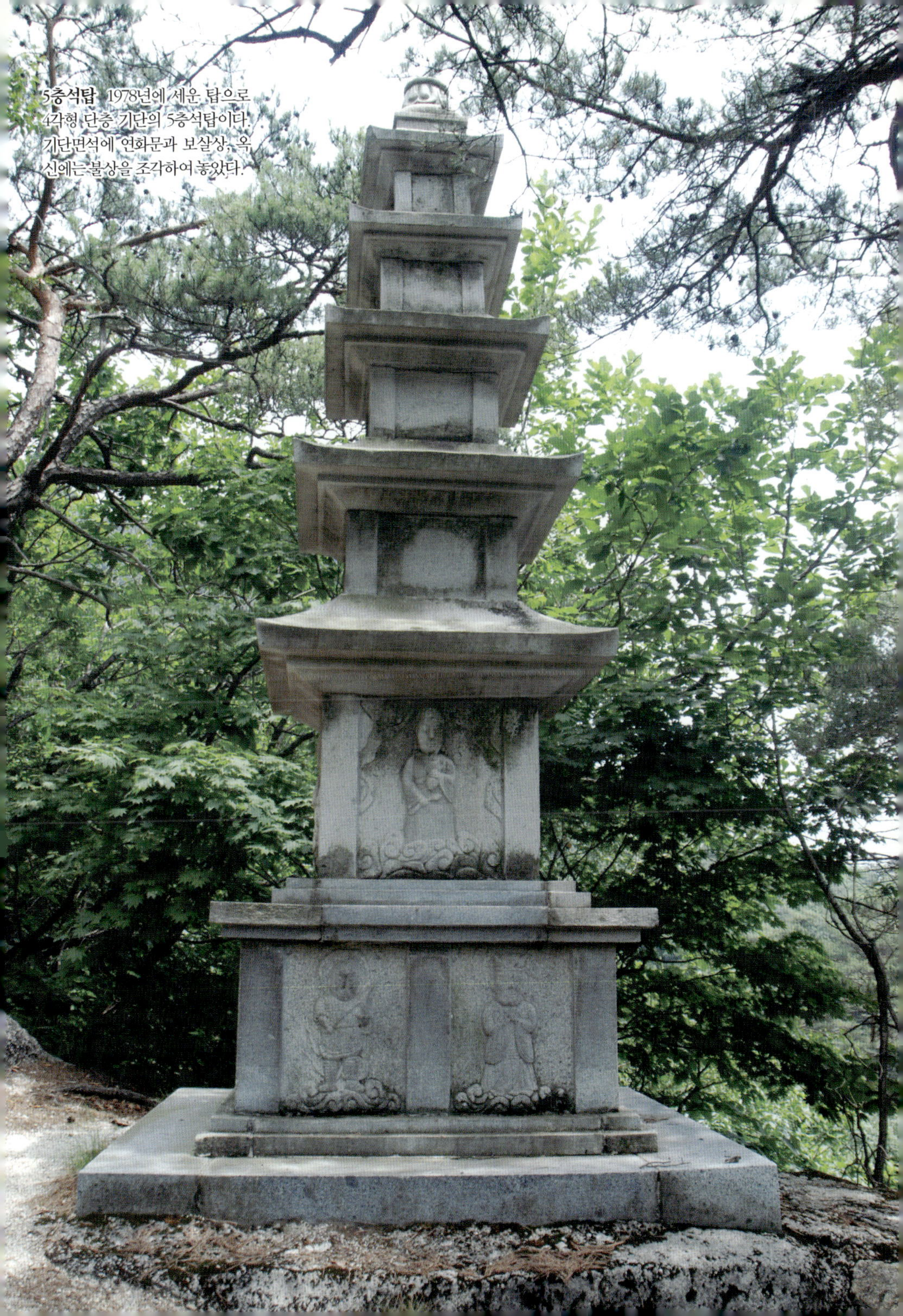

5층석탑 1978년에 세운 탑으로
4각형 단층 기단의 5층석탑이다.
기단면석에 연화문과 보살상, 옥
신에는 불상을 조각하여 놓았다.

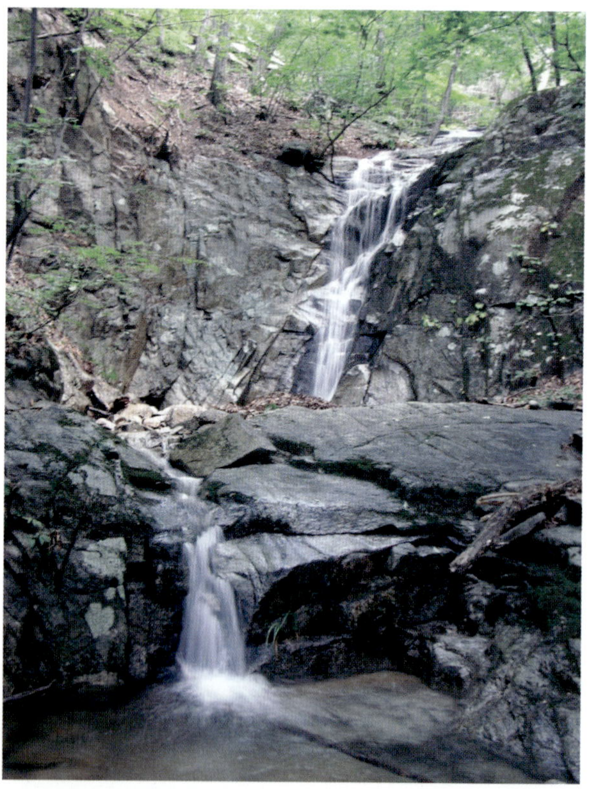

척번대 2단폭포 『약헌유고』에서는 이 상·하폭포를 '2층폭포' 라 부르고 있다. 상폭은 높이가 6m이고, 하폭은 1.5m이다. 위 폭포 서쪽 상단에 척번대가 있다.

견성암구역

견성암구역은 단애절벽, 암봉, 기암괴석 등이 어우러진 산악지형으로 오봉산 주봉(779m)에서 이어진 지맥들이 험준한 산세를 이룬 청평사 내에서 가장 높은 지역이다. 이 구역에는 견성암見性庵 터와 천단天壇 및 소요대逍遙臺가 있다.

이 견성암 구역을 벗어나 경내구역 사이 중간에 양신암養神庵 터가 있다.

견성암見性庵

오봉산 남쪽으로 뻗어 내린 능선이 암봉(612m)에서 끝나면서 주위로 암벽

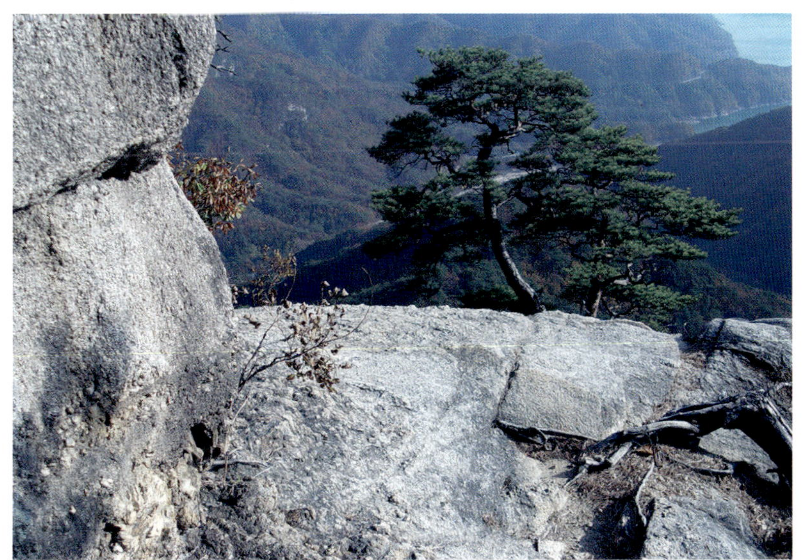

견성암 터 이 곳에 있던 견성암이 멀리 절 남쪽 영지에 투영되었다. 앞쪽에 암자가 있었다.

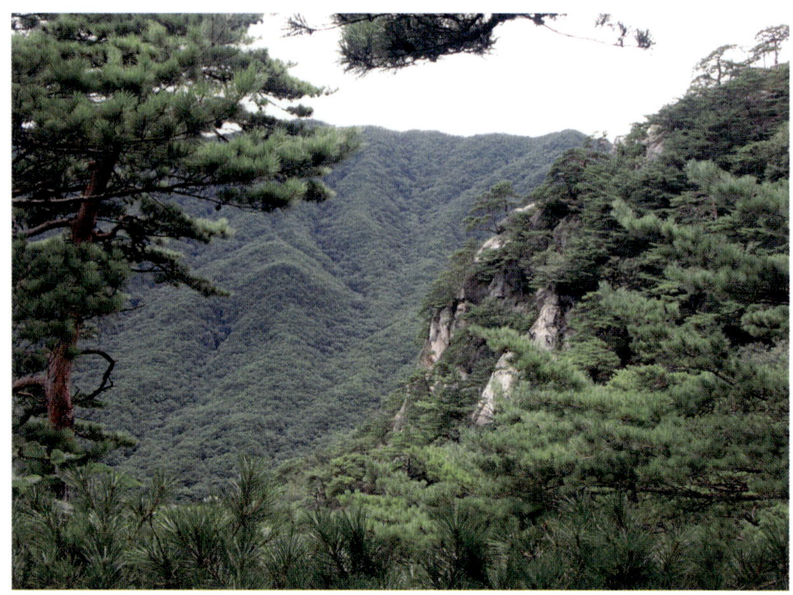

견성암봉 측면 상암裳巖을 동남쪽에서 올려다 본 모습으로 암봉 능선이 내려오다 꺾인 곳이 견성암이 있던 곳이다.

이 둘러 있는데, 이 암봉 바로 밑자락에 지어진 암자가 견성암이며 고려 중기 이자현 때 조성한 암자이다. 엄황의 『춘천읍지』에 6칸 크기라 하였다. 「문수원기」에 의하면 이자현이 수행 차 이 견성암에 입정入定하여 7일 만에 나오기도 하였다.

『약헌유고』에는 "암벽을 깎아지른 듯한 부용봉 허리 아래쪽 빈터에 의지하여 암자가 지어졌고, 견성암 앞으로 멀리 경치가 한눈에 들어와 마음이 편안해진다."고 하였다. 또 "암벽이 깎아지른 듯 봉우리를 싸고돌아 있는데 암봉 허리부 쪽이 푸르른 것이 야릇하게 옷의 주름과 같아 구름치마를 걸쳐 놓은 것 같은 까닭에 이를 상암裳巖이라 한다."라고 견성암 암봉 주위를 감싸고

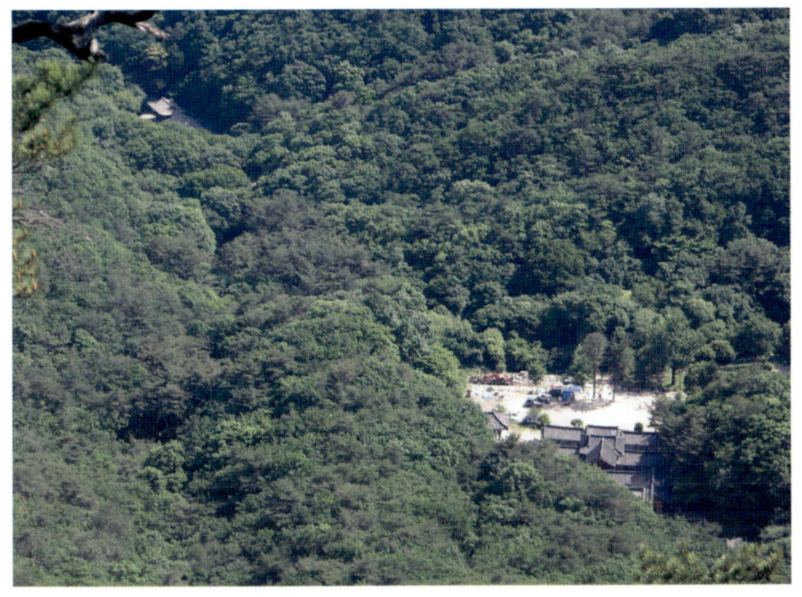

견성암봉에서 내려다본 청평사 경내 청평사 경내와 청평선방 사이에 영지(검은부분)가 보인다.

있는 암벽의 형세를 자세히 묘사하고 있다.

　『구당집』에서 이 견성암이 영지에 비추이는 모습에 대해, "연못 북쪽에 보이는 산의 한 봉우리를 내려다보는데 산봉우리의 정상에 있는 작은 암자가 물 밑으로 거꾸로 비쳤다. 문과 창이 선명하여 모발이 비치는 듯하다. 봉우리와 암자의 이름을 물으니 각각 부용봉과 견성암이라고 했다." 하였다.

　『춘천읍지』 유숙의 「제영」 '견성암見性庵'에,

멀리 천 길의 벽을 보니	遙看千仞壁
중간에 두어 칸 암자가 있구나.	中有數間庵

절은 구름이 일어나듯 빛나고	梵起雲端逈
등불은 밝아 거울 속에 잠겼는 듯	燈明鏡里涵
얼음을 뚫고 동자는 물을 나르고	敲冰童子汲
눈에 막혀 늙은 중은 참선하네.	閉雲老禪參
소요할 땅에 이르렀다 했더니	得到逍遙地
바야흐로 종달새를 따르는 듯 부끄럽다.	方知斥鷃慙

이라 했다.

이 견성암은 1700년대 중반까지 있었으나 조인영(1782~1850)의 『운석유고』에 견성암은 없어졌다 한 이후 보이지 않는다.

천단天壇

이 천단은 예불을 하거나 제를 올린 신성한 의식공간으로 상암裳巖 능선 상의 촛대바위(남근석)가 중심 경물로서 위. 아래로 여러 암석 경물들이 있다.

촛대바위(남근석)는 상암 능선 암반 상에 높이 솟아 있는 2.2m 크기의 바위로 동쪽으로 12°도 정도 기우러져 모암 위에 우뚝 솟아 있고 고환과 같은 돌이 주위에 첨석添石 되어 있다. 촛대바위 북쪽 18m 거리 능선 상에는 암벽이 솟아오른 소암봉이 있고 촛대바위 남쪽 9m 아래에는 여러 개의 바위로 둘러싸인 송대가 있다. 또 이 송대 10m 아래로 거북바위가 있는데 이 바위 바로 밑이 견성암 터이다. 『약헌유고』에 "천단은 선동과 견성암 사이에 있는데 승도들이 기도하던 곳" 이라 했다.

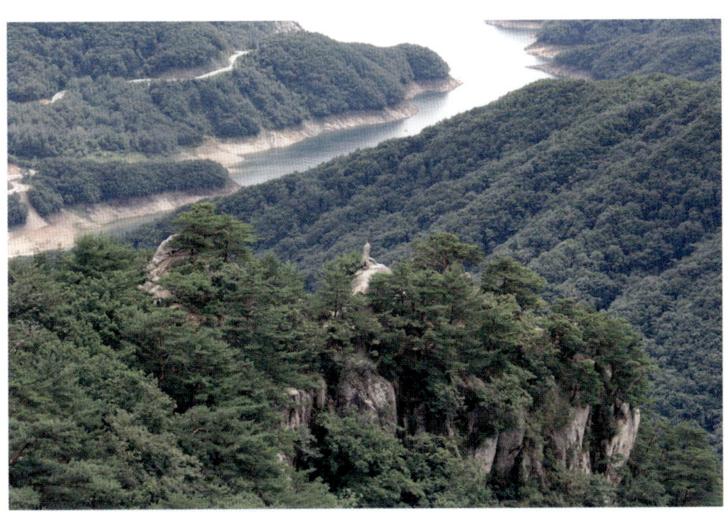

천단天壇 소요대에서 바라본 천단. 천단 주변을 둘러싼 암벽이 마치 주름 잡힌 치마를 걸친 것 같다 하여 서종하는 『야헌유고』에서 '상암'이리 불렀다. 이 성암 능선 상에 촛내바위를 중심으로 한 공간이 천단이며 천단 바로 아래가 견성암 터이다.

보우의 「청평팔영」 '천단예상天壇禮象'에,

옥으로 만든 누대와 금으로 장식한 전각 뒤로 제사를 지내러	瓊臺全殿後
오경초(아침 3시정도)에 올라갔다.	齋陟五更初
맑디맑고 밝고 영험한 모습을 한 하늘과	皎皎昭靈象
매우 푸르고 고요한 옥황상제의 거처.	蒼蒼静玉虛
예를 계속하여 그치지 않고	三三禮不盡
게송을 계속하여 남음이 없다.	──頌無餘
마땅히 빠르기가 북채와 북과 같이 하여	應速同桴鼓
계속 향내가 동궁(임금의 후사)에 내리도록 하자.	連芳降國儲

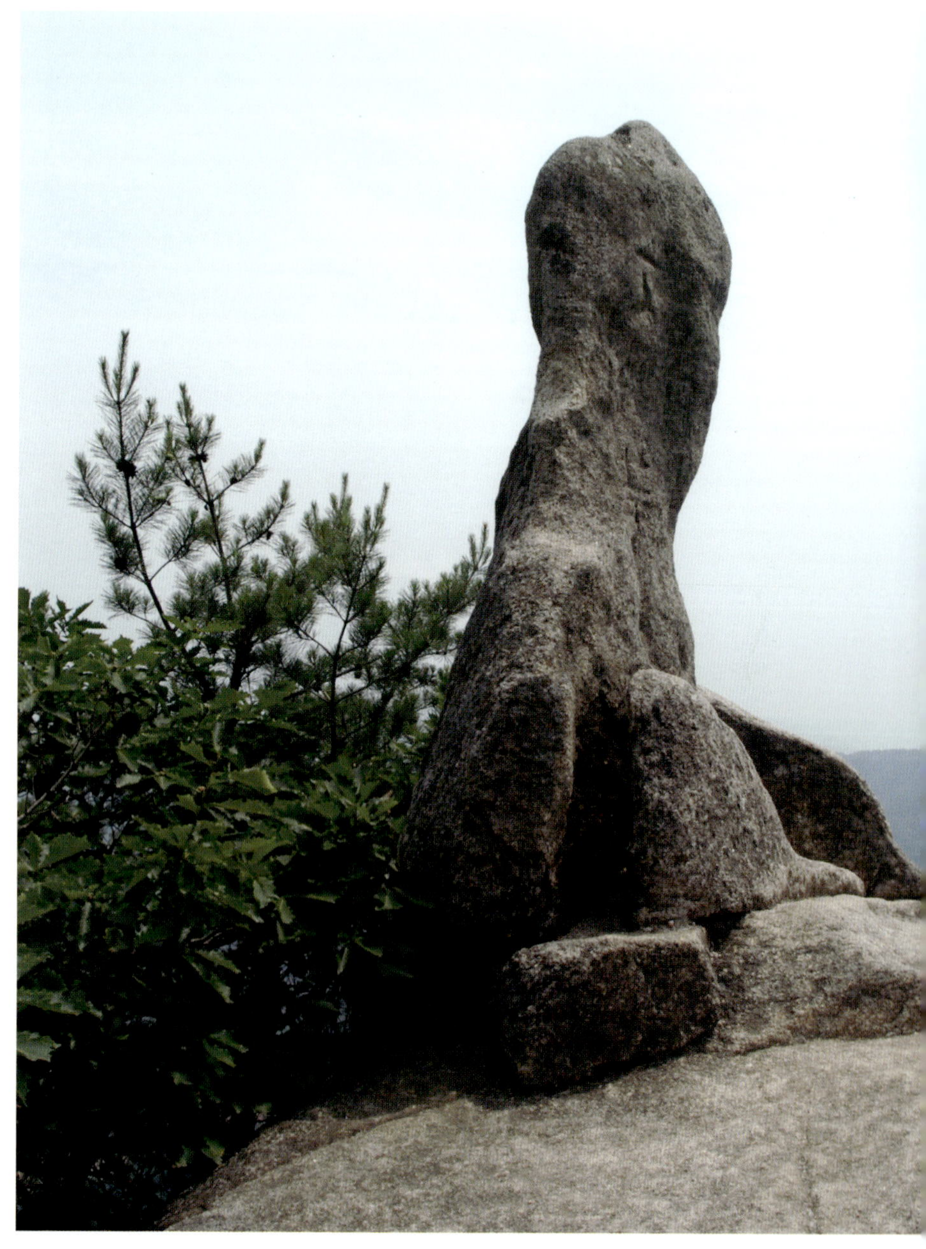

천단의 촛대바위(남근석)

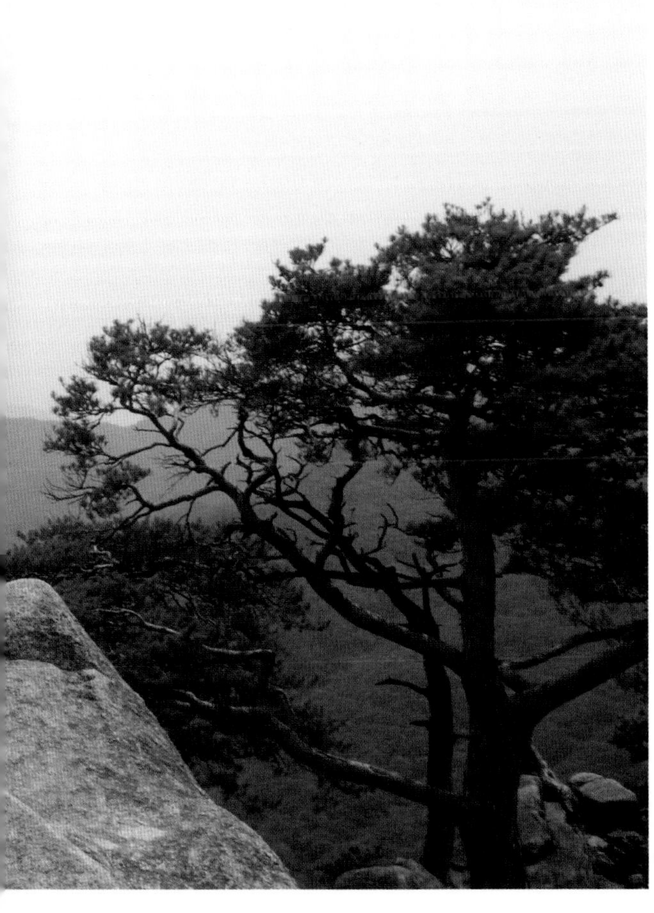

천단의 촛대바위(남근석)

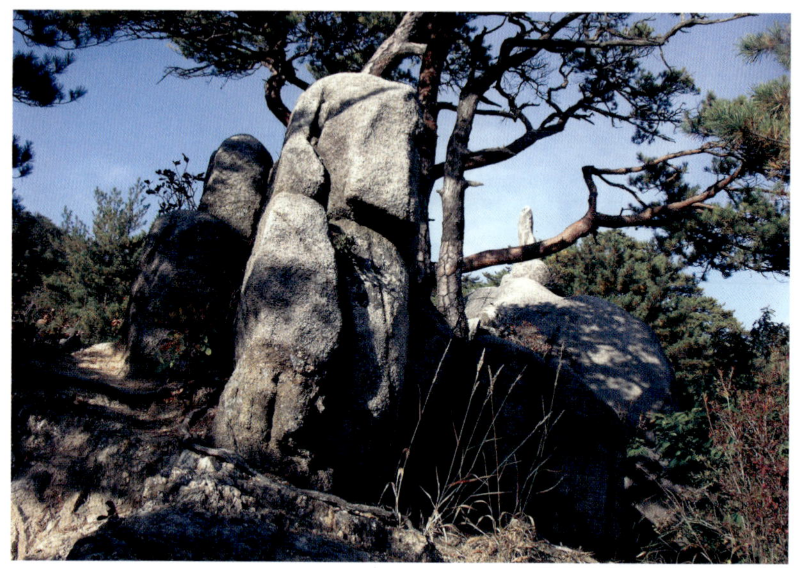

송대바위

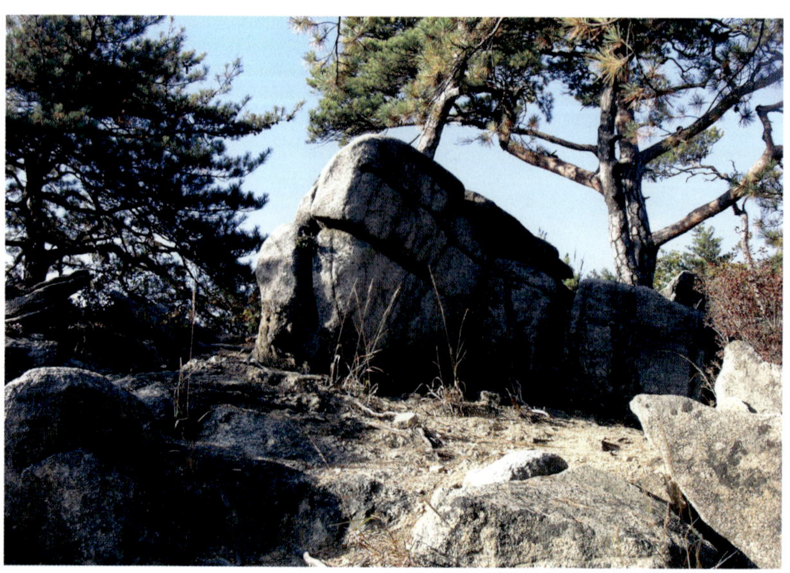

송대 바위 내측

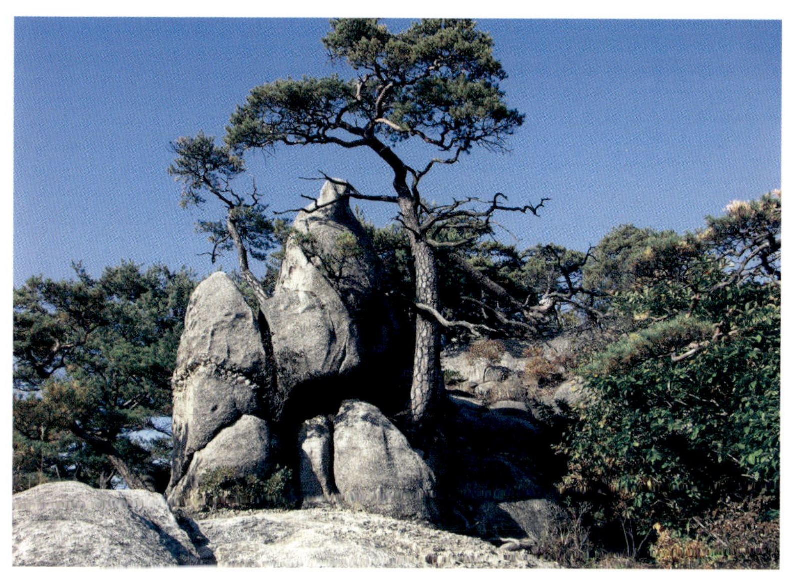

거북바위 이 거북바위 아래가 견성암 터이다.

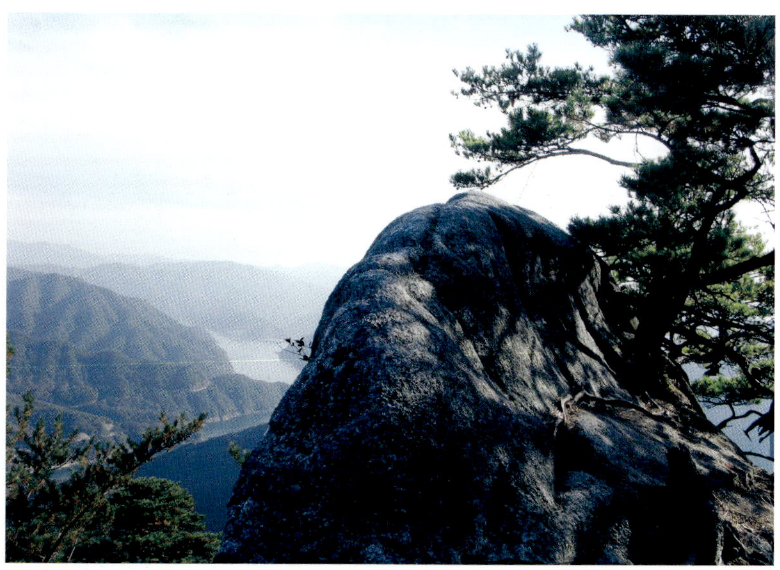

천단 북쪽 소암봉

라고 천단에서 예불하며 왕실의 후사를 위해 기도를 올렸다. 또 『춘천읍지』 조우인曹友仁의 「제영」 '천단예상天壇禮象'에,

깨끗이 예단의 눈을 쓸어내고	淨掃瑤壇雪
향을 피우니 예의에 참됨이라	梵香禮像眞
밤이 깊어 바람과 이슬이 겹쳤는데	夜深風露重
차가운 달빛만이 옷에 가득 하구나	涼月滿布巾

라고 하였다.

소요대逍遙臺

천단 서북쪽 오봉산 지맥 봉우리(688m) 아래 자락에 자연적으로 생긴 평평한 암반이 소요대로 이곳에서 멀리 소양호가 한 시야에 들어온다. 『약헌유고』에 "소요대는 산기슭의 머리부가 잘려 대가 된 것인데 그 위에 4~5명이 앉을 만하다. 대 아래에는 거의 수천 길이나 되는 깎아지른 듯한 절벽이 있다. 이곳에서 남쪽으로 바라보면 층층이 쌓여 있는 봉우리와 주위를 빙 둘러쳐 있는 산들이 보인다."고 소요대와 그 주변 지형지세를 묘사하고 있다.

보우의 「청평팔영」 '소요유적逍遙遺寂'에,

봄이 깊어 꽃이 땅에 무늬를 놓을 때	春深花織地
소요대를 찾으니 산허리 쪽으로 비틀어져 있네.	臺訪佛峯腰

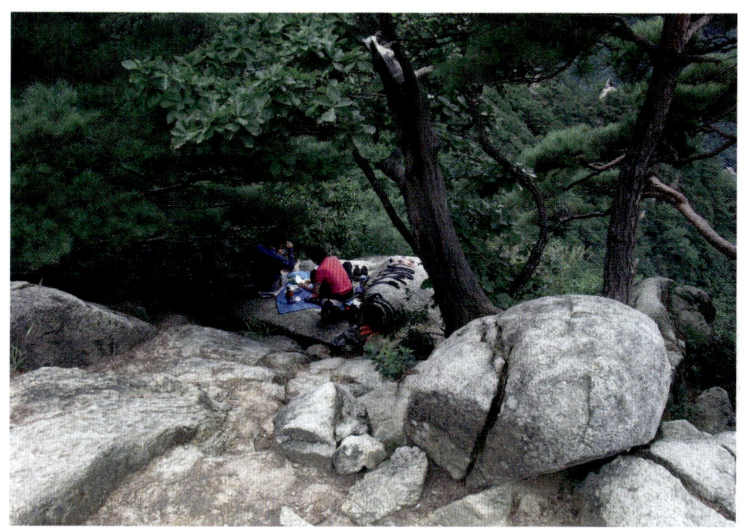

소요대逍遙臺 자연 그대로의 평평한 암반으로 소요대 밑은 단애절벽이다.

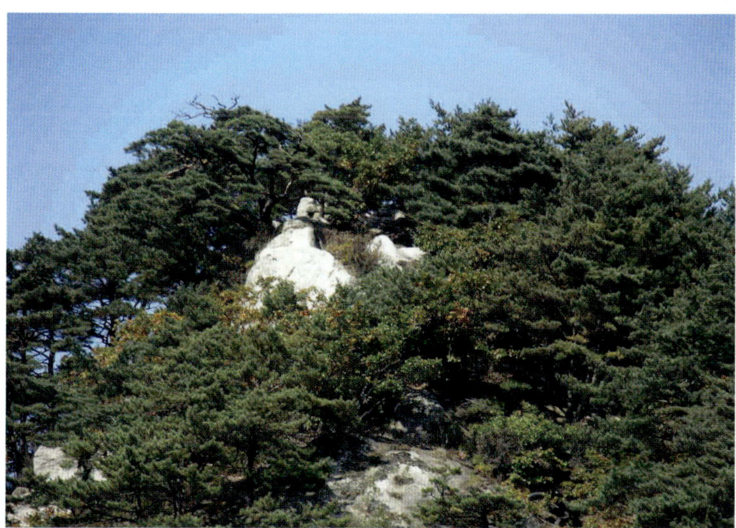

천단에서 바라본 소요대

하늘이 푸르러 뜬 구름은 걷히고	空碧浮雲卷
산이 개어 묵은 안개가 사라지네.	山晴宿霧消
구천은 멀리 낮은 곳에 있고	九千遙底處
삼도(삼신산)는 아득하여 부르기 어렵네.	三島杳難招
한번 삭막한 참선의 적적함을 달래니	一遣枯禪寂
유유히 흥이나 저절로 풍요로워지네.	悠悠興自饒

라고 보우가 소요대에 올라 참선하면서 마음이 풍요로워지는 심정이 담겨져 있다.

양신암養神庵

견성암봉인 상암과 절(경내) 사이에 있던 암자로 『약헌유고』에 "양신암은 견성암의 동남쪽에 있다." 했으며 박장원의 『구당집』에 조선 효종 2년(1651)에 의천義天이 양신암에서 수행했다는 기록이 있다. 현재 경내에서 북쪽으로 직선거리 303미터에 그 추정 터가 남아 있다. 이 양산암은 구사맹의 『팔곡집』「청평산 십오절」에는 '양심암養心庵'으로 표기되어 있다. 이 양산암 터는 2008년 가을에 주변 산록이 붕괴되면서 남아 있던 석단이 매몰되었다.

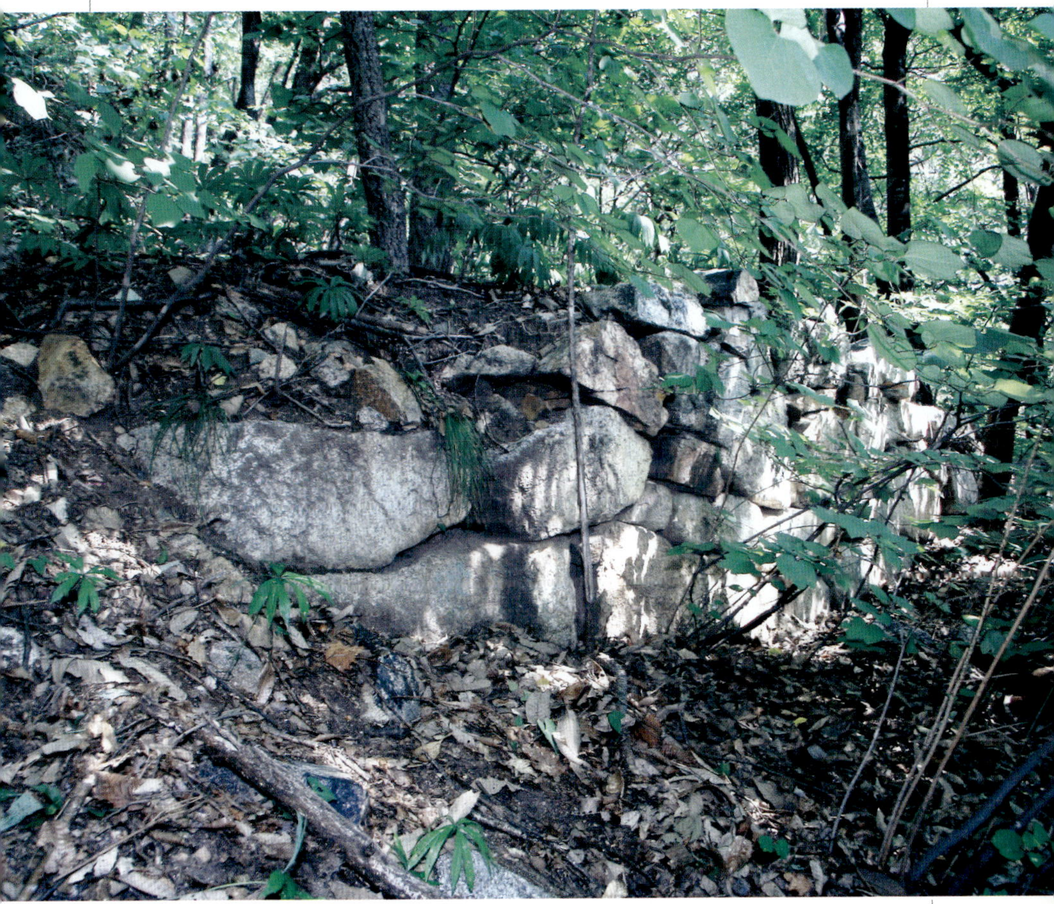

양신암養神庵 **터** 암자 터 북쪽에 수직 암벽이 있고 동편 아래에는 시냇물이 흐른다. 이 석축은 2008년 토석 붕괴로 매몰되기 전의 모습이다.

청평사의 팔경八景

    고려 중기 김부철의 「문수원기」 말미에 청평산(오봉산)의 아름다운 경치를 후대에 훌륭한 문장가들이 글로 담았으면 하는 바람대로 조선시대에 와서 많은 저명 문인, 승려가 머물거나 다녀가면서 앞 다투어 청평산수의 아름다움을 시나 기행문 등에 남겼다. 청평사에는 고려와 조선시대 유행하던 팔경시를 비롯해 많은 경관 관련 글들이 전해지고 있다.

    팔경八景의 유래는 중국 남북조시대의 심약沈約의 팔경시가 앞서 전해지고 있으며 우리나라에는 고려 명종 때 북송北宋 송적宋迪의 '소상팔경도瀟湘八景圖'가 도입되면서 '소상팔경'이 고려시대부터 문인들 사이에 시제詩題로 즐겨 이용되었다.

    『동문선』에는 이인로, 이제현 등 고려 후반기의 대표적인 문인들의 소상팔경시가 전해지고 있다. 팔경문화는 조선시대에 들어 더욱 성행하여 전국 각지 경승지에 팔경이 선정되고 팔경시와 팔경도가 유행되었다.

    '소상팔경瀟湘八景'은 중국의 호남성 동정호洞庭湖 남안 영릉零陵 부근의 소수瀟水와 상수湘水가 합해지는 여덟 곳의 아름다운 경치를 시와 그림에 담아 감상한 것에서 시작되었다.

소상팔경시의 구성은 평사락안平沙落雁, 원포귀범遠浦歸帆 산시청풍山市晴風, 동정추월洞庭秋月, 소상야우瀟湘夜雨, 연사만종煙寺晩鐘, 어촌석조漁村夕照 등 여덟 경경이 장소와 행위 또는 의의가 조합된 소표제로 되어 있다.

한국의 팔경은 초기에 중국의 소상팔경 형태를 이상화, 개념화시켜 모방 및 답습을 하다가 점차 한국 특유의 장소와 행위가 조합된 유사 소상팔경식 또는 장소(경물)만 소표제로 된 한국적 팔경식 형태로 발전되었다.

현재 전국 각 지방마다 경관명소나 경물 여덟 곳을 선정하여 지역의 경관 이미지를 알리고자 하는 한국식 팔경을 많이 볼 수 있다.

청평사에는 조선시대 보우, 조우인(曹友仁, 1561~1625) 그리고 유숙(劉肅, 1564~1636) 등의 팔경시가 전해지고 있다.

보우의 「청평팔영」은 오언율시로 그 소표제를 보면,

반석에서 손님을 보내다.	盤石送客
용담에서 폭포를 보다.	龍潭看瀑
남지에 그림자가 비치다.	南池照影
서천에서 승복을 빨다.	西川洗衲
천단에서 상에게 예배하다.	天壇禮象
소요대에서 적적함을 달래다.	逍遙遺寂
선동에서 심원함을 찾다.	仙洞尋幽
식암에서 고요함을 본다.	息菴觀靜

등 여덟 경景으로 되어 있으며, 소상팔경시 유사 형식인 장소와 행위가 조합된 유형이다.

조우인도 보우의 팔경시를 본떠 오언절구의 팔영시를 남겼는데, 조우인은 보우의 선동심유仙洞尋幽를 선동심진仙洞尋眞으로 행위부분만 바꾸었고 소요유적逍遙遺寂 대신 견성입정見性入定을 소표제에 새로 포함시켰다.

유숙의 팔경시는 청평사淸平寺, 견성암見性庵, 선동仙洞, 식암息菴, 서천西川, 남지南池, 용담龍潭, 반석盤石 등 장소(경물)만 소표제로 한 오언율시로 한국식 팔경이다. 세 팔경시에서 소표제의 모티브가 된 장소는 식암, 선동, 서천, 남지, 용담, 반석, 견성암, 천단, 청평사, 소요대 등 모두 10경이다.

선동, 식암, 서천, 남지, 용담, 반석 등 6개소는 세 팔경시에서 모두 소표제에 선정되어 있고 나머지 2개소에 대해 보우는 소요대와 천단, 조우인은 견성암과 천단, 그리고 유숙은 청평사와 견성암을 포함시켰는데 이중 소요대는 보우, 청평사는 유숙만 팔경에 포함시켰다.

팔경의 소재가 된 곳 중 소요대, 반석, 천단, 용담, 서천, 선동은 자연물이고 식암, 견성암, 남지, 청평사 등은 인공물이다. 청평사 팔경 10처를 구역별로 보면 구송폭포구역에 용담, 반석 2개소, 선동구역의 선동, 식암 2개소, 견성암구역의 견성암, 소요대, 천단 3개소 그리고 남지(영지), 서천, 청평사가 각기 구역에 1개소씩 포함되어 있다.

이 팔경 10처는 청평사의 주요 경관요처로 인식되어온 곳이다.

청평사의 팔경과 소표제

구분	보우의 청평팔영	조우인의 팔영	유숙의 팔영	비고
1	盤石送客	盤石送客	盤石	구송폭포구역
2	龍潭看瀑	龍潭看瀑	龍潭	구송폭포구역
3	南池照影	南池照影	南池	영지구역
4	西川洗衲	西川洗衲	西川	서천구역
5	天壇禮象	天壇禮象		견성암구역
6	逍遙遺寂			견성암구역
7	仙洞尋幽	仙洞尋眞	仙洞	선동구역
8	息菴觀靜	息菴觀靜	息菴	선동구역
9		見性入定	見性菴	견성암구역
10			清平寺	경내구역

●제영題詠의 순서는 보우의 청평팔영을 기준으로 하였으며, 남지는 영지를 말한다.

이밖에 청평사에는 팔경시 이외에도 시나 기행문에서 여러 경관처가 선정되어 있는데, 시문으로는 구사맹의 『팔곡집』 「청평산십오절」이 있고, 기행문으로는 서종화의 『약헌유고』 「청평산기」의 6승六勝과 엄황의 『춘천읍지』 「천석계담泉石溪潭」의 6절승六絶勝이 있다.

『팔곡집』의 「청평산십오절」에는 폭포, 영지, 서천, 광석廣石, 선동, 식암, 수대水碓, 태비苔碑, 척번대滌煩臺, 진산탑鎭山塔, 청평사, 부용봉, 견성암, 양심암養心庵, 문외이화門外梨花 등 15개소의 경관처(경물)가 포함되어 있다.

이중 광석廣石은 반석盤石, 양심암養心庵은 양신암養神庵이고 태비苔碑는 경내 문수원기비와 시장경비, 폭포는 구송폭포, 진산탑鎭山塔은 3층석탑을 말한다. 이 「청평산 15절」에는 청평사 원림 내 분포되어 있는 대부분의 경관요처가 포함되어 있다.

『춘천읍지』에는 반석, 팔송대八松臺, 용담, 폭포, 서천, 선동 등 6곳이 청평사의 절승처라 하였다. 여기서 팔송대는 구송대를 말한다.

『약헌유고』에는 구송대, 서천, 영지, 선동, 소요대, 부용봉 등 여섯 곳을 경승처로 꼽고 있으며 이중에서 선동이 제일 경치가 빼어나다고 하였다.

특히 유숙의 「팔영시」와 구사맹의 「청평산십오절」에서 청평사(경내)를 하나의 경관 요소에 포함시킨 것은 매우 전경관적 의미가 담겨져 있다고 할 수 있다.

맺음말

청평사는 1000년이 넘는 고찰로 아늑한 분지형을 이루면서 계곡, 수석, 기암괴석, 폭포 등이 어우러진 절경이며, 묘경이며 선경으로 천혜의 산수풍경을 간직하고 있는 선원이다.

이러한 지형적 입지와 수려한 경관을 지닌 청평사는 고려 중기 명문세가 출신 진락공 이자현이 은거한 수행처로서 유명해지기 시작했다. 고려 말에는 한때 중국 원나라 왕실의 원찰願刹로 주목을 받았고, 조선시대에는 불교의 중흥을 위해 헌신한 보우대사의 입산으로 불교사적 명성을 드높였다.

청평사의 현재와 같은 규모와 선원의 형태는 고려 중기 이자현이 청평골에 오면서 참선을 위한 선장을 절 밖 청평사 일대로 크게 확장함으로써 청평사 공간의 기본 틀이 마련되었다. 조선 초 보우는 이를 토대로 경내를 현재와 같은 공간구조로 넓혀 불사를 다시 세우고 원림공간을 한층 가꾸어 청평사를 대사찰다운 면모를 갖춘 아름다운 선원으로 탈바꿈시켰다.

특히 보우는 청평산수에 대해 매우 남다른 사랑과 애착을 보인 자연애호가였다. 또 청평사에 길지 않은 기간 머물면서도 멀리 한양 궁궐로부터 꽃나무를 가져와 심고 영지의 기능을 크게 개선하는 등 원림 가꾸기에도 정성과 심혈을 기울인 원림가였다.

보우가 국지적 공간인 청평사 원림에 일찍이 '팔경' 경관문화를 도입한 것은 보우가 청평산수를 얼마나 사랑했는가를 단편적으로 말해준다. 보우의 뒤를 이어 문인묵객들이 청평사의 아름다움에 반해 앞 다투어 제영題詠 시나 유람 기행문 등을 많이 남겼다.

청평사는 경외 원림공간에 있던 많은 유적들이 대부분 잊혀졌지만 다행스럽게도 청평산수와 경관에 관한 소중한 글들이 전하고 있다. 이러한 문헌 덕분에 현재 산중 곳곳에 남아 있던 유구들을 찾아내어 청평사 선원의 발달과 찬란한 원림문화를 밝힐 수 있었다.

청평사는 경내를 중심으로 세부구역별로 그 지형적 특성과 이용행태가 잘 나타나 있다.

구송대에 앉아 넘쳐흐르는 폭포를 보며 놀았고, 영지에 비추인 산수풍경의 그림자를 고요하게 감상하면서 즐겼다. 그리고 서천에서 완만히 흐르는 계류와 수석이 어우러진 수변경관을 유람하면서 즐거움을 느꼈다, 또 선동의 깊숙한 협곡 속에 펼쳐진 선경에 묻혀 참선에 빠져들며, 높다란 천단에 올라 신성한 하늘을 대하고 시원하게 시야에 들어오는 산천을 내려다보며 평온함을 찾았다.

청평사 원림 세부구역 곳곳에 들어선 건축구조물과 경관시설들은 대부분이 지형지세에 잘 맞춰 조화롭게 조성해놓았다. 청평사 경내는 동, 서 구릉 사이에 지세에 따라 가람을 앉혀 주변 환경과 어울리도록 배려하였다. 그리고 대표적 조경시설인 영지는 절 뒷산의 암봉이 절 아래 늪지에 비추는 자리를 그대로 이용해 연못으로 만들었고, 원림 내 많이 볼 수 있는 대臺 시설도 석축

몇 단 쌓고 좌선이나 휴식처로 이용하였다. 또 암자, 정자 등 구조물도 작게 지형지세에 맞춰 세워 주변 자연경관에 거슬리지 않도록 배치하였다.

그러나 이렇게 빼어난 자연경관 속에 발달해온 선원은 경내만 복원되고 경외에 널리 산재해 있는 대부분의 유구들은 오랫동안 산중에 묻혀 방치되어 안타깝게도 일반 산지화가 되어가고 있다.

이 책은 청평사의 역사적 형성과정과 원림의 발달문화를 고증을 통해 전반적으로 종합해 놓은 해설서이다. 이 책의 발간으로 청평사의 문화사적 정체성이 정립되어 청평사가 다시 옛 명성과 모습을 찾을 수 있는 계기가 마련되었다고 본다.

청평사는 남북한을 통틀어 일반사찰 어디에서도 그 유례를 찾아보기 어려운 독특한 선원문화가 형성된 소중한 역사문화유적이다. 오늘날 자연 환경의 무질서한 파괴로 인한 심각한 환경문제를 생각할 때 청평사는 자연을 소중히 여기고 지혜롭게 이용한 선조들의 슬기로움이 배어 있는 우리의 자랑스러운 자연유산이며 교훈적인 문화유산이다.

부록

「청평산문수원기淸平山文殊院記」

김부철金富轍

춘주春州의 청평산이란 것은 옛날 경운산慶雲山이요, 문수원文殊院이란 옛날의 보현원普賢院이다. 처음에 선사禪師 영현永賢이 당나라에서 신라국新羅國에 왔었는데, 태조太祖께서 즉위하신 후 18년 되는 을미乙未에 신라의 경순왕敬順王이 영토를 우리나라에 바쳤으니, 이때는 후당後唐의 청태淸泰 2년이었다. 광종光宗 24년에 선사가 처음 경운산에 이르러 절을 창건하고, '백암선원白巖禪院'이라 하였다. 이때는 송나라의 개보開寶 6년이었다. 문종文宗 23년 무신戊申에 전前 좌산기상시지추밀원사左散騎常侍知樞密院事인 이공李公 의顗가 춘주도감창사春州道監倉使가 되어서 왔다가, 경운산의 좋은 경치를 사랑하여 백암선원의 옛터에다 절을 짓고 '보현원普賢院'이라 하였는데, 이때는 희령熙寧 원년이었다. 그 뒤에 희이자希夷子가 벼슬을 버리고, 여기에 숨어 지내면서부터 도둑도 없어지고 호랑이도 종적을 감추었다. 마침내 산 이름을 '청평산淸平山'이라 고쳤다. 또한 문수보살文殊菩薩이 나타난 것을 두 번이나 보고, 불법의 요의要義를 마땅히 자문하여 결정해야 된다고 하여, 마침내 원院의 이름을 '문수文殊'로 바꾸고 인하여 다시 수리하였다. 희이자는 곧 이공李公의 맏아들로 이름은 자현資玄이며, 자字는 진정眞精인데, 용모가 헌칠하며 천성이 담박淡泊하였다.

　원풍元豊 6년에 진사과進士科의 과거에 합격하여 원우元祐 4년에 대악서승大樂署丞에 있다가, 벼슬을 버리고 세상을 피하여 다니다가 임진강臨津江에 이르러서 강을 건너면서 스스로 맹세하기를, "이제 가면 다시는 서울에 들어가지 아니하리라." 하였다. 그의 학문은 대개 공부하지 않은 것이 없었으나, 깊이 불교의 이치를 연구하였고, 특히 참선을 좋아하였다. 스스로 말하기를, "일찍이 『설봉어록雪峰語錄』을 읽었는데 모든 천지가 모두 눈[眼]이다. 너는 어디에 쭈그리고 앉아 있느냐는 말이 있었다. 이 말에 바로 번쩍 깨달은 바가 있었다. 이때부터는 부처님의 가르치심에 대하여 다시는 의심하거나 막히는 것이 없었다." 하였다. 그리고 나서 우리나라의 명산을 두루 돌아다니며 옛날 성현聖賢의 유적遺跡을 딤방하였다. 뒤에 혜소국사慧照國師가 이웃한 산의 화악사華岳寺 주지로 있었기 때문에 왕래하면서 선禪의 교리를 질문하였다 산에 있으면서 다만 채소 음식과 누비옷으로 검소하고 절제하며 청정한 것을 낙으로 삼았다. 절 밖에 있는 다른 동리에 사사로 거처하는 집을 지었는데, 그 암자·불당·정자 등이 모두 10여 개소나 되었다. 불당은 문성聞性이라 하였고 암자는 견성見性, 선동식암仙洞息庵 등으로 각기 그 이름이 있었다. 날마다 이 속에서 생활하는데 어떤 때는 홀로 앉아서 밤이 깊도록 자지 아니하기도 하며, 어떤 때는 반석 위에 앉아서 하루가 지나도록 돌아오지 아니하기도 하며, 어떤 때는 견성암見性菴에 입정入定하였다가 7일 만에 나오기도 하였다. 일찍이 문인에게 말하기를, "내가 대장경大藏經을 다 읽고 여러 서적을 두루 보았으나, 능엄경楞嚴經을 제일로 치니, 이는 마음의 근본을 새겨주고 중요한 방법을 발명한 것인데, 선학禪學을 공부하는 사람이 이것을 읽는 사람이 없으니, 진실로 한탄할 일이라." 하고 드디어 제자들에게 이것을 공부하게 하니, 배우는 자들이 점점 많아졌다. 예종睿宗께서 두 번이나 내신들에게 명하여 차와 향과 금으로 수놓은 비단을 특별히 내리시고, 인하여 대궐에 들어오라고 명하였으나, 공은 강을 건널 때에 처음 먹었던 마음을 저버리고 싶지 않아 끝내 교명敎命을 받들지 아니하였다. 정화政和 7년에 임금의 행차가 남경南京에 거둥하시는데, 공의 아우인 상서尙書 자덕資德을 보내어 임금이 행차하시는 곳에 나오기를 청해서, 인하여 임금께서 지으시고 손수 쓰신 시 한 편을 그에게 내렸다. 이르기를,

평소에 보기를 원하였더니	願得平生見
날이 갈수록 생각이 더하여라	思量日漸加
어진 이 높은 뜻을 빼앗긴 어려우나	高賢志難奪
나의 마음 간절함은 어이 하려나	其奈予心何

공은 표문을 올리어 이를 사양하였으나, 임금의 간절하신 마음을 돌이킬 수는 없었다. 마침내 그 해 8월에 남경南京에 나아가서 뵈었다. 임금께서는, "도덕이 높은 노인을 여러 해 동안 사모하였는데, 신하의 예절로 보아서는 안 된다." 하고 인하여 궁전 위에 올라서 절할 것을 명하고, 임금께서도 답례로 절하셨다. 자리에 앉아 차를 내어 놓고 조용히 얘기하시고, 인하여 잠시 삼각산三角山 청량사淸凉寺에 머무르게 하고, 임금께서 내왕하시며 선학禪學의 교리를 질문하셨다. 공은 마침내 「심요心要」 한 편을 저술하여 올렸다. 그리고

나서 산으로 돌아갈 것을 굳이 청하였다. 그러자 차, 향, 도구, 의복을 내리시어 그가 떠나는 길을 돌봐주시고, 왕비와 공주도 의복으로 선물하는 예절을 차렸다. 선화宣和 3년에 이르러 상서尙書는 다시 왕의 명을 받들고 산중에 나아가서 특별히 능엄강회楞嚴講會를 개최하게 하시니, 여러 곳에서 학자들이 모여들어 강의를 들었다. 4년에 지금 임금께서 즉위하시어 특별히 측근의 신하인 이봉원李逢原을 보내어 간곡히 위문을 베푸시고 인하여 차와 향과 의류를 내리었다. 7년에 공의 건강이 조금 안 좋아지자 나라에서는 내시인 신하와 국의國醫를 보내어 문병하시고 겸하여 차와 약을 내리었다. 공은 장사 지낼 곳을 미리 예정해두었는데 하루는 문인에게 말하기를 "나는 오래 살지 못할 것이다. 내가 죽은 뒤에는 문인인 조원祖遠이 계속하여 이 절에 머무르고, 소원 이후에는 다시 도와 행실이 있는 사람을 택하여 서로 계속하여 주장이 되게 하라." 하였다. 이 해 4월 21일에 또 문인에게 이르기를, "인생의 목숨이란 덧없는 것이어서 나면 반드시 죽음이 있는 것이니, 부디 슬퍼하지 말고 도에 정신을 두어라." 하더니, 말을 마치고 신시申時에 입적入寂하였다. 죽을 때에 임해서도 정신이 혼미하지 아니하여 보통 때처럼 웃으며 이야기하였다. 입적할 때에 이상한 향기가 방안에 자욱하더니, 차츰 온 산골에 두루 퍼져서 사흘 동안이나 그치지 않았다. 온몸이 옥같이 깨끗하였고 몸을 움직이는 것이 살아 있을 때나 마찬가지였다. 23일에 모두 유언대로 장사를 지냈다. 원우元祐 4년부터 선화宣和 7년까지 산에 거주한 것이 17년이고, 나이는 65세를 누리었다. 건염建炎 4년 가을 8월에 특별히 시호謚號를 진락공眞樂公이라고 내렸다.

저술한 문장으로는 「추화백락공락도시追和百樂公樂道詩」한 편, 『남류시南遊

詩』1권, 『선기어록禪機語錄』1권, 『가송歌頌』1권, 『포대송布袋頌』1권이 있다. 이에 대하여 논하여 본다면 예부터 고상한 사람으로 숨어서 지낸 군자는 많았다. 대개 외로운 신하나 불행한 사람이 궁벽하게 지내면서 출세할 희망이 없는 자라야 이렇게 할 수 있었다. 또 당초에는 산중에서 생활하는 것을 만족스럽게 여기다가 마침내 뜻을 굽히고 몸을 욕되게 하는 자도 있었다. 그러나 왕과 연혼한 세력 좋은 집 사람으로서 산림에서 일생을 마친 사람은 아직 듣지 못하였다. 공은 부귀의 세력을 가졌고, 또한 문장으로 높은 과거에 급제하고 좋은 벼슬에까지 올랐으니, 조정에 들어가서는 대신 노릇하며, 나가서는 장군이 되는 것은 땅에서 지푸라기를 줍는 것과 같을 뿐이다. 그런데도 부귀를 헌신짝처럼 버리고 신세를 뜬구름과 같이 생각하여 영원히 산중에 들어가서 다시는 서울에 돌아오지 아니하였으니, 또한 이상스럽지 아니한가. 또한 더구나 공의 집안은 여러 세대에 걸쳐 임금의 외척으로 삼한三韓의 으뜸가는 양반인데, 공만이 홀로 속세를 떠나 자유롭게 노닐며 세속적인 귀찮은 일에 미치지 않았다. 인격과 명망이 더욱 높았으니, 어찌 지식 있는 사람들만이 칭찬하며 탄식할 뿐이겠는가. 시골에서 농사 짓는 백성들까지도 소문을 들은 사람이면 누구나 사랑하며 존경하지 않는 자가 없었다. 대개 충심으로 사람을 일깨우고 믿음으로 일을 대하면 그 지극한 정성이 인간과 귀신에게까지 감동되지 않는 법이 없는 것이다. 이것이 산중에 있을 적에는 도둑이 없어지고 호랑이가 종적을 끊은 이유가 아닌가. 옛적에 양홍梁鴻이 패릉산覇陵山에 들어갈 때에는 고상한 선비라 할 수 있었으나 그의 아내인 맹광孟光과 함께 숨어서 살았고, 방공龐公이 현산峴山의 남쪽에 거처하면서 성중에 들어간 적이 없었다 하나, 오히려 처자를 데리고 있었으니, 어찌 공이 기욕嗜欲에 대한 감정을 잊어버리고 아무것도 없는 세계에 몸을 둔 것과 같겠는가. 담박하고 고결하여 일반 사람으로서는 맛볼 수 없는 것을 맛보고 처음부터 끝까지 흔들린 바가 없어 확고한 높은 절조가 세력에 의하여 변하지 아니하였다. 서늘한 맑은 바람은 언제나 사람의 마음속을 비쳐 주고 있으니 정말로 고상한 인품이며, 숨어 있는 군자로서는 아마 고금에 한 사람뿐이리라. 문인門人인 조원祖遠이 공의 행장行狀을 가지고 와서 나에게 기記를 지어 주기를 청하였다. 그의 청이 간절하였으므로, 마침내 이 기를 쓰면서 아울러 공의 약력을 이렇게 자상히 말하였다. 그 청평산의 산과 물과 골짜기의 좋은 경치는 실로 우리나라에서 아름다운 곳이지만, 이것은 장차 문장에 능한 사람을 기다려서 짓게 하도록 하고, 여기서는 언급하지 않는다.

(국역)『동문선』 제64권 '기記'

「유원고려국청평산문수사시장경비有元高麗國淸平山文殊寺施藏經碑」

이제현李齊賢

태정泰定 4년 3월 경자일에, 첨의정승僉議政丞 신臣 흡恰 등이 중알자中謁者로 하여금 임금께 복명하기를, "원나라 천자의 근신近臣 사도 강탑리司徒剛塔里와 중정원사홀독첩목아中政院使忽篤帖木兒가 천자의 황후로부터 명령을 받고 사람을 보내와서, '중 성징性澄과 시인(寺人, 후궁의 사무를 맡은 환관) 윤견允堅 등이 진공進供한 불서佛書 한 벌을 청평산淸平山 문수사文殊寺에 바치고, 꿰미 돈 만금萬金을 시주하여 그 이식利息을 받아 쓰게 하되, 황태자의 황자皇子를 위하여 복을 빌게 하고, 각각 그들의 생신날을 택하여 중들에게 음식 대접을 하며, 경經을 열독閱讀하게 하는 것을 매년의 행사로 하라' 하시고, 또 말하기를, '비석을 세워서 영구히 보이라' 하였습니다. 신 등이 가만히 생각하오니, 불법이 중국에 들어와 시대에 따라 성하고 쇠하여 가면서 천여 년이 되었습니다. 중국의 조정에서는 그 도道가 무위(無爲, 자연 그대로 두어 인공을 더하여 만들지 아니함)로 으뜸을 삼는 것이 성인의 다스림에 부합됨이 있으며, 널리 제도濟度하려는 마음을 먹는 것이 어진 정치에 도움됨이 있다고 하여 높임과 믿음이 가장 돈독합니다. 이제 이미 전거傳車로써 그 경經을 수천 리 밖 깊은 산중에 수송하고, 또 먹고 살 근본이 되도록 원금元金을 적립하여 그 무리들의 생활을 넉넉하게 하였습니다. 이것은 곧 중들의 행복이올시다. 이름난 산과 복된

땅이 온 천하에 적지 않건만 우리 고을을 더럽다고 하지 않고 이에 축복의 처소를 두었으니, 이것은 다만 중들의 행복만이 아니고 또한 우리 고을의 행복입니다. 장차 대서특필하여 자랑하고 빛내기를 끝이 없게 하고자 합니다. 하물며 중궁中宮의 명령이 있었으니, 감히 공경하여 받들지 않을 수 있겠습니까. 청하건대 붓 잡는 자에게 시켜서 기록하게 하소서.” 하였다. 이에 신 모某에게 명하시었다. 그 명에 이르기를,

성하신 원나라가	於皇有元
이미 대대로 어질게 세상을 다스리니	旣世以仁
따뜻한 봄철 맞은 비가	陽春時雨
구은의 만물을 화육하였다.	亭毒九垠
이에 부처의 도가	乃眷金仙
무위로 가르침을 삼은 것을 돌보고	無爲爲敎
그의 나머지를 써서	用其土苴
삶을 이롭게 하고 사나움을 금하여	利生禁暴
이것을 숭상하며 공경하여	是崇是敬
그 무리까지 후하게 대우하여	厚復其徒
부역도 시키지 않고 세금도 부과하지 않으며	不徭不賦
오로지 그 글을 익히게 하였네	顓習其書
불경은 1천 상자	其書千函

호한하기가 연기의 바다 같건만　　　　　　浩若烟海

묘함은 터럭을 분석하고　　　　　　　　　妙析毫釐

넓기는 천지를 덮네.　　　　　　　　　　廣包覆載

율은 계를 따라 성립되었고　　　　　　　律繇戒立

논은 정에서부터 일어났네.　　　　　　　論自定興

경을 강연하고　　　　　　　　　　　　　維經之演

지혜로 밝히도다.　　　　　　　　　　　維慧之明

저 흰 소 수레를 타고　　　　　　　　　路彼攬軒

양거(소승불교의 성문승을 비유함)보다 녹거(소승　　卓乎羊鹿

불교의 연각승緣覺乘을 비유함)보다도 우뚝 뛰어나네.

그 향기 찌는 듯하니　　　　　　　　　　載熏其香

온 숲이 담복이던가　　　　　　　　　　一林薝蔔

천축에서 처음 모이니　　　　　　　　　俶裒千竺

가섭과 아난이 있었고　　　　　　　　　曰葉與難

진단(지나)에 처음 전파해오니　　　　　俶播于震

등과 난이 있었도다.　　　　　　　　　曰騰與蘭

양 나라에선 쭉정이만 씹더니　　　　　梁取其秕

우리는 곡식을 맛보았네.　　　　　　　我嚌維穀

당에서는 돌인 줄 짐작하더니　　　　　訾石者唐

우리가 쪼갠 것은 옥이었네.　　　　　我剖維玉

중 성징과 시인 윤견은　　　　　　　　伊澄伊堅

옷은 다르나 마음은 같아서	服異心同
그들이 이미 법보(불법의 경전)를 서사하고	旣成法寶
완성함을 주상하니	以奏爾功
황후가 가상하게 여기어	天后尒嘉
봉안할 땅을 선택하여 말하기를	載謀之地
삼한은	曰維三韓
선을 즐겨하고 신의가 두터우며	樂善敦義
지금의 임금은	維時維王
우리의 외손이니	我出我甥
축희보상할	祝釐報上
그의 정성을 믿는다.	允也其誠
ㄱ 나라 동쪽에	于國之東
청평산 문수사가 있으니	之山之寺
길이 험하고 요원한 것을 꺼리지 말고	毋憚阻脩
우체를 통하여 싣고 가서 시주하라 하시고	置郵往施
내탕의 돈을 내주어	發緡內帑
중들의 먹을 길을 열어 주게 하였네.	俾轉食輪
오래도록 계속하여 지킬 수 있도록	可繼以守
국왕과 신하에게 맡기어 부탁하네.	諉王曁臣
국왕은 머리 조아려 절하면서	王拜稽首
천자만세 축수하시네.	天子萬歲

천자와 국왕의 뜻을 같이 하시니	天后是偕
본과 지는 백세에 홍왕하리다.	本支百世
제잠(한국을 일컬음)의 돌이 닳아 없어질 때까지	鯷岑石爛
접해(접역의 바다, 즉 한국의 바다)에 물이 말라 먼지가 날릴 때까지	鰈海塵飛
공과 덕이 모여서	維功德聚
이 비석은 이지러지지도 넘어지지도 않으리라 하였다.	不騫不墮

(국역)『동문선』제118권 '비명碑銘'

「청평팔영淸平八詠(1)」

보우普雨

반석송객盤石送客

용담의 쌍폭 아래에 돌이 있는데	龍潭雙瀑下
숫돌과 같이 평평하다.	有石平如砥
동남쪽에서 온 손님을 기분 좋게 보내기 위해	爲送東南客
하루 종일 놀아주었다.	因遊十二時
봄이 저물어가니 꽃은 서절로 시들고	春歸花自老
구름이 나와 산봉우리에 두루 퍼져 있네.	雲出岫無私
적적함이 누가 나와 같겠는가	寂寂誰同巳
산짐승만이 백아伯牙의 음악을 잘 이해하는	山禽是子期
종자기種子期와 같은 절친한 친구일세.	

용담간폭龍潭看瀑

돌 위 큰 소나무 아래에서	石上長松下
옷깃을 열어 제치고 앉아 내를 본다.	披襟坐看川
마치 하늘이 빚어낸 듯한 큰 띠 모양이 깎아놓은	天神垂斷壁
절벽에 드리우고	
옥 같은 물결이 깊은 못에서 보글보글거린다.	玉浪沸深淵

가랑비는 봄 골짜기를 흐릿하게 만들고	細雨迷春洞
약한 우레 소리는 관현악과 뒤섞인다.	輕雷雜管絃
볼만한 것이 가로막아 다시 눈을 드니	賞蘭還擧目
저녁에 지는 햇빛이 서쪽 산꼭대기에 걸려 있다.	落照掛西巓

남지조영南池照影

가지와 잎이 무성한 박달나무 아래에	扶踈檀樹下
고경古鏡 같은 남지가 매우 밝도다.	古鏡十分明
그림자가 움츠러드니 두터운 눈썹이 주름 잡히듯 하고	影蹙厖眉皺
결이 이는 찬 물길은 뼈처럼 깨끗하구나.	波寒道骨淸
연못은 사람을 쫓아 이미 정갈해지고	池從人旣淨
마음은 물을 얻어 다시 평정되었다.	心得水還平
누가 육근六根과 육진六塵의 경계를 분별하겠는가.	誰別根塵界
모두 물아物我의 마음을 잊는다.	都忘物我情

서천세납西川洗衲

재계齋戒를 한 뒤 남는 시간에 애오라지 산책을 하다	齋餘聊散策
이어져 시냇물 가에 이르렀다.	袞袞到溪湄
내가 개여 아침 연기는 걷히고	川霽朝煙斂
산이 밝아지며 낮의 볕이 옮아왔다.	山明午景移
사찰에서 힘든 많은 시간을 보내 칠근가사七斤袈裟는	七斤塵破衲

헤지고

세 번 밟아 빨아 검은 때가 없어졌다.　　　三踏洗無緇

소나무 가지에 걸어 말리고 누우니　　　掛曝松梢臥

바위 쪽에서 오는 바람은 뼈에 사무치게 분다.　　　岩風徹骨吹

천단예상天壇禮象

옥으로 만든 누대와 금으로 장식한 전각 뒤로 제사를　　　瓊臺全殿後

지내러

오경초(아침 3시정도)에 올라갔다.　　　齋陛五更初

밝디밝고 밝고 영험한 보습을 한 하늘과　　　皎皎昭靈象

매우 푸르고 고요한 옥황상제의 거처.　　　蒼蒼靜玉虛

예를 계속하여 그치지 않고　　　三三禮不盡

게송을 계속하여 남음이 없다.　　　──頌無餘

마땅히 빠르기가 북채와 북과 같이 하여　　　應速同桴鼓

계속 향내가 동궁(임금의 후사)에 내리도록 하자.　　　連芳降國儲

소요유적逍遙遣寂

봄이 깊어 꽃이 땅에 무늬를 놓을 때　　　春深花織地

소요대를 찾으니 산허리 쪽으로 비틀어져 있네.　　　臺訪佛峯腰

하늘이 푸르러 뜬 구름은 걷히고　　　空碧浮雲卷

산이 개어 묵은 안개가 사라지네.　　　山晴宿霧消

구천은 멀리 낮은 곳에 있고	九千遙底處
삼도(삼신산)는 아득하여 부르기 어렵네.	三島杳難招
한번 삭막한 참선의 적적함을 달래니	一遣枯禪寂
유유히 흥이나 저절로 풍요로워지네.	悠悠興自饒

선동심유仙洞尋幽

선경이 어디인지 아느냐?	仙境知何處
숲 사이를 지팡이 끌고 찾아보았다.	林間曳杖尋
이끼가 많이 끼어 소나무 길이 매끄럽고	苔卦松逕滑
꽃이 쌓여 선동의 문은 깊어만 가네.	花積洞門深
구름 때문에 어두워 산은 언제나 습하고	雲暝山常潤
산봉우리가 휘돌아져 계곡은 저절로 음지가 되었네.	峯回谷自陰
새겨진 청평선동의 네 글자를 보니 감동하여	感看鑴四字
과거와 미래와 현재를 잊어버리게 되네.	忘却去來今

식암관정息菴觀靜

암자는 선동의 그윽한 곳에 있고,	庵在仙區奧
누대는 옛 산골 물 주위에 자리 잡았네.	軒臨古澗圍
산꽃은 붉어 비단으로 병풍을 친 듯하고	山花紅錦障
바위의 계수나무는 푸르러 비단으로 휘장을 두른 듯하다.	岩桂碧羅幃

가깝고 먼 승려들이 오는 것이 적고	隣遠僧來少
구름이 깊어 속인들이 이르는 것이 드무네.	雲深俗倒稀
적막하게 무사히 앉아서	寥寥無事坐
고요함을 보니 천기(천지조화의 심오한 비밀)가 드러나네.	觀靜露天機

『허응당집』 하권 (김홍삼 번역)

「팔영시 八詠詩(2)」

유숙 柳瀟

청평사 淸平寺

옛 절은 모두 천계런가	古寺諸天界
황폐한 비석에 아녀자의 말뿐.	荒碑幼婦辭
향로봉 구름 걷힌 후	香爐雲捲後
기수에 달은 밝아오겠지.	琪樹月明時
바람을 탄 종소리는 멀어만 가고	風挾鐘聲遠
개울물 졸졸졸 맑게 흐르는데	溪聽碓響遲
향을 태우며 방장에 앉아	燒香座方丈
적적하게 쌍지를 대하노라.	寂寂對雙池

견성암 見性庵

멀리 천 길의 벽을 보니	遙看千仞壁
중간에 두어 칸 절이 있구나.	中有數間庵
범은 구름이 일어나듯 빛나고	梵起雲端逈
등불은 밝아 거울 속에 잠겼는 듯	燈明鏡里涵
얼음을 뚫고 동자는 물을 나르고	敲冰童子汲
눈에 막혀 늙은 중은 참선하네.	閉雲老禪叅

소요할 땅에 이르렀다 했더니　　　　得到逍遙地

바야흐로 종달새를 따르는 듯 부끄럽다.　　方知斥鷃慙

선동仙洞

홀로 소문에 휘파람 불어　　　　獨發嘯門蘇

진락옹을 찾아왔노라.　　　　來尋眞樂翁

신선은 옥동 속에서 살고　　　　仙居玉洞裡

필적은 추른 절벽 중에 있도다.　　筆跡翠岸中

학이 사라지니 한송만 늙고　　　鶴去寒松老

숭이 없어지니 옛절은 비었네.　　僧殘古寺空

벼슬을 쉬고 숲 아래서 잠깐 쉬이　　休官林下少

천 년의 고풍에 읍하는 듯.　　千載揖高風

식암息庵

식암 여기서 쉬니　　　　息庵息於此

만사가 뜬구름 같구나.　　　萬事等雲浮

주위와 길이 함께 고요하니　　境與道俱靜

몸도 장차 마음과 함께 쉬리라.　　身將心共休

하늘의 기미는 원래 적적하고　　天機元寂寂

인간 세상은 수수하기만 하다.　　人世漫悠悠

내가 그 쉼을 배우고자　　　我欲學其息

속세에서 벗어나 강해에서 노누나. 　　投簪江海遊

서천西川

늘어선 산봉우리들이 서로 얽힌 듯 　　閱峀勢如拱

아침마다 서간 물가에서 노노라. 　　來朝西澗濆

도랑은 높아 돌구멍을 열어놓고 　　窪樽開石竇

헌 장삼의 얼룩을 씻노라. 　　壞衲洗雲紋

흐르는 물은 용같이 굴곡져 있고 　　流水龍屈曲

노는 고기는 가다 쉬다 하네. 　　遊魚拖息分

꽃이 골짜기에 피었음을 가르쳐주지 마라 　　莫敎花出谷

세상 사람이 들으면 꺾어갈까 근심이로다. 　　愁殺世人聞

남지南池

사랑하노라 남지의 정결함을 　　爲愛南池淨

일찍이 몇 년이나 지나갔나. 　　曾經幾劫灰

신선이 돌아가니 향원이 냉랭하고 　　仙歸香院冷

중이 가니 계수나무가 꺾이네. 　　僧去桂枝摧

고기떼는 꽃을 엿보러 나오고 　　魚隊窺花出

오리새끼는 비를 가져오네. 　　鳧雛帶雨來

부용봉 그림자가 있는데 　　芙蓉峯影在

몇 봉인지 헤일 수 없구나. 　　數朶不須栽

용담龍潭

여기와 노는 것이 어찌 그리 늦었는가	玆遊何太晚
아름다운 경치가 장차 다하려 하네.	勝地勢將窮
구름이 고요하니 용은 구렁에 숨고	雲靜龍藏壑
우레 같은 폭포수는 허공에 뿌려지네.	雷喧瀑灑空
일찍 듣기에 얼음기둥 있었더니	曾聞冰作柱
지금 보기에는 옥으로 궁을 만든 듯.	要見玉爲宮
돌아가는 길에 시로 어깨를 솟구는데	歸路詩肩聳
우거진 산봉우리에 눈보라 치네.	林巒雪裡風

반석盤石

소나무 그늘에 직접 누워 머물고	偃蹇松形直
반석의 비 앞이 평평하구나.	盤陀石勢平
맑게 흐르는 물은 횡련색이요	淸流橫鍊色
날아내리는 물거품은 옥을 부수는 소리라.	飛沫碎珠聲
지나는 객이 구름 사이에 앉고	倦客披雲坐
돌아가는 중은 달을 쫓아가네.	歸僧趁月行
개울 위에 학이 편안도 하구나	丁寧溪上鶴
나는 다시 와서 맞이하였다 기록하리라.	記我更來迎

엄황『춘천읍지』「불우」 '제영' (임민혁 역주)

「팔영시 八詠詩 (3)」

조우인 曺友仁

식암관정 息菴觀靜

움직이다 그치는 것을 고요하다 하는데	止動之謂靜
창공의 빛은 아물아물 자취가 없네.	空色泯無跡
이 형상을 헤쳐보아라	觀破此形象
하늘은 사람의 눈에 있구나.	自由天人目

견성입정 見性入定

한 송이 푸른 연꽃	一朶靑蓮華
물에서 낳았어도 물에 닿지 않네.	生水不着水
묻노니 고요한 중에 사람은	借問靜中人
참으로 이것을 볼 수 있는지.	眞能見得此

천단예상 天壇禮象

깨끗이 예단의 눈을 쓸어내고	淨掃瑤壇雪
향을 피우니 예의에 참됨이라.	梵香禮像眞
밤이 깊어 바람과 이슬이 겹쳤는데	夜深風露重

차가운 달빛만이 옷에 가득하구나.	涼月滿布巾

선동심진仙洞尋眞

선녀가 난새를 타고 가니	仙侶乘鸞去
연기와 안개만이 골짜기에 가득하다.	烟霞洞府深
푸른 복사 봄은 늦어가는데	碧桃春自老
어느 곳에서 옥피리 소리 들리는 듯.	何處玉蕭音

서천세납西川洗衲

사랑스럽다 이 맑고 깨끗한 흐름이여	愛此淸淨流
냉랭하여 요결을 쏟는 듯 하구나	冷冷瀉瑤玦
검은 장삼을 세척하면서	洗出雲衲衣
입고 오면 선심이 청결하리라.	着來禪心潔

남지조영南池照影

부용의 참모습은	芙蓉眞面目
범수의 그림자로 되었구나.	投影一梵水
보기는 하여도 건져내지 못하니	可見不可撈
만일 가진다면 자네를 주리라.	若爲持贈子

용담간폭龍潭觀瀑

비로소 구슬같이 흐름을 맞이하니	始訝珠流發
도리어 소련이 나는 듯 의심스럽다.	環疑素練飛
탐내어 보는데 날은 이미 저물고	耽看日己暝
용의 침이 사람의 옷을 적시었네.	龍沫濕入衣

반석송객盤石送客

억지로 보쌈을 싸 들으니	難挽荷衣住
어찌 석별을 감당하리	那堪惜別離
잠깐 새 골짜기를 빠져나가는 것을 보니	纔看出洞去
어찌 천 개 봉우리가 있다 하리오	其奈有千崎

엄황 『춘천읍지』 「불우」 '제영' (임민혁 역주)

「평강공주平陽公主와 상사사相思蛇(1)」

唐朝平陽公主 身有相思蛇 來此有袈裟功德 蛇冤解脫 於是公主 重刱此寺
名普賢院云(傳說)

『楡岾寺本末寺誌』「淸平寺」'雜錄'

「평강공주平陽公主와 상사사相思蛇(2)」

唐平陽公主 相思蛇斥滅後 大法殿을 重建 萬佛圖를 奉安하고 於殿前에 朝
夕參拜時起居할 離宮을 建設하며 法宇重新碑를 堅할제 臣褚遂良으로 奉教
書하고 當寺最近同上看尺里民戶全部를 寺奴로 정하여 離宮과 重新碑를 守
護케하였든바 公主歸國後 上看尺里黃氏一同이 寺奴二字에 痛入骨髓이더니
適黃氏中으로 尙宮一人을 被選入闕케됨에 淸平寺僧侶가 氾濫한뜻을 두고
宮闕까지 豫備하엿다하야 君上의게 誣告함애자상으로 禁府邏卒을 命送하야
僧侶를 押上하라는 同時離宮을 燒火하고 重新碑를 擊卒云而萬佛圖도 法堂
火燒時 燬燼云

『楡岾寺本末寺誌』「淸平寺」'雜錄'

주註

1) 청평사 내부 진입도로 변에 있는 2층으로 된 바위로 현재 랜드마크 기능을 하지만 근세에 와서 도로개설 과정에서 생긴 암석이다.

2) 현재 관음굴이라고도 부르며 자연굴에 인공을 가미한 작은 동굴로 「청평사지」에 의하면 넓이가 45칸이고, 이 굴 안에 석불이 23좌, 목불이 1좌 있었는데 모두 창건 시 불상들이라고 하였다. 굴 내부는 천정 높이 4.5m, 가로 9m, 세로 7.7m, 입구 폭 1.8m, 입구 높이 2.3m이다.

3) 근세 한국 지형도(1918)에 '구성폭九聲瀑'이라 표기되어 있는 것으로 보아 일제강점기 때 지형도 작성과정에서 구송九松이 구성九聲으로 음전된 것으로 보인다. 『한국지명총람』2 강원편에 구성폭포는 "청평산에 있는 폭포로 아홉 가지 소리가 난다 함"이라고 하였다. 이는 현대에 와서 와전된 것으로 아홉 그루 소나무가 있어 붙인 구송대九松臺, 구송정九松亭의 구송九松이 구성九聲으로 음전音轉되어 구성폭포九聲瀑布로 불리고 있는 것이다. 1942년에 편찬된 「청평사지」에는 구송폭포九松瀑布로 부르고 있다.

4) 정약용(丁若鏞, 1762~1836)은 순조 20년(1820)과 순조 23년(1823) 두 차례 춘천지역을 방문하였으며 1차 때 청평사를 방문하고 지은 『여유당전서與猶堂全書』 1집 7권 「천우기행穿牛紀行」 '청평사관폭사수淸平寺觀瀑四首' 와 '야숙청평사화동파반용사夜宿淸平寺 和東坡蟠龍寺' 시를 남겼다. 이중 '청평사관폭사수淸平寺觀瀑四首' 는 청평사 아래에서 차순 별로 오르며 경운대폭포, 구송정폭포, 와룡담폭포, 서천폭포 등 네 폭포를 보고 지은 시이다. 여기서 경운대폭포는 구송폭포 하폭이고 서천폭포는 서천지류인 선동의 폭포를 서천폭포로 보았다.

5) 구송폭보 상폭 위에 있는 성자도 성시한이 청평사를 다녀산 1687년 『우남집』에 처음 보이며 그 후 안보이다가 1820년 정약용이 청평사를 다녀가며 지은 '청평사관폭사수' 에 구송정이 다시 보인다.

6) 축단을 쌓고 위를 평평하게 다듬어 머물면서 조망이나 휴식을 위해 만든 공간시설이다. 이 대臺 위에 정자 같은 구조물을 앉히기도 한다. 청평사에는 많은 대 시설이 있으며 이름이 붙여진 5개의 대 중에는 인공대 4개소, 자연대 1개소가 있다. 청평사에서 이 대 시설은 참선을 위한 좌선처로 많이 이용되었다.

7) 서종화(徐宗華, 1700~1748)의 본관은 달성達城. 자는 사진士鎭, 호는 약헌藥軒으로 관직에 나가지 않고 학문에만 전념하였다. 『약헌유고』에는 그의 학문적

업적 모두 담겨 있으며 5권 「청평산기」에는 청평사 일대의 지형과 유적에 대해 어느 문헌보다 상세하게 수록되어 있다.

8) 김상헌(金尙憲, 1570~1652)의 본관은 안동安東, 자는 숙도叔度, 호는 청음淸陰으로 선조 23년 진사시에 합격하였다. 그후 이조참의吏曹參議를 지냈다. 인조 13년(1635) 춘천 및 청평사 일대를 기행하고 쓴 『청음집淸陰集』 10권 「청평록淸平錄」에 4편의 제영題詠 시가 수록되어 있다.

9) '공주와 상사뱀' 설화는 「청평사지」 '잡록' 에 처음으로 2편이 실린 이래 각종 '향토지' 및 '불교 영험 설화' 등에서 여러 내용으로 많이 소개되었고 지금도 구연口演되고 있다.

10) 『유점사본말사지』 「청평사지」 '연혁沿革' 에 이자현이 세운 8암자 중 한 암자라 했고, 또 '잡록雜錄' 에 나옹대사가 복을 빌던 곳이라 하였다. 복희암은 초기 조사에서 세향원 터로 잘못 알려져 왔던 암자로 「청평사지」에서 영지와 복희암을 비슷한 거리로 보고 있는 것으로 보아 현재 청평선방 부근에 있던 것으로 추정된다.

11) 나옹懶翁은 혜근(惠勤, 1320~1376)의 호로 고려 말 조선시대 불교의 초석을 세운 위대한 고승으로 평가받는다. 이색李穡이 글을 지어 세운 나옹대사비와 부도가 회암사와 신륵사에 있다. 고려 말 선풍禪風을 도입하여 침체

된 불교계에 새바람을 일으켰으며, 저서로『나옹화상어록懶翁和尙語錄』과
『가송歌頌』이 있다.『구당집』,『청음집』,『약헌유고』등 많은 문헌에서 나
옹대사가 청평사에 머물 때 영지 주변에 주목을 심어놓았다고 하고 있다.

12) 환성喚惺은 지안(志安, 1664~1729)의 호이며 춘천 출생의 조선 후기 대선사
로 숙종 37년(1711)에 청평사 불전승료佛殿僧寮를 중수하면서 영지도 수리
하였다. 지안은 보우 다음으로 청평사를 크게 중창한 인물이다.『환성대
사문집喚惺大師文集』「환성화상행장喚惺和尙行狀」에 환성이 연못을 수리할
때 영지를 가리켜 상·하지구조의 쌍연雙淵이라 하였다. 이 쌍연에서 '유
충관부천리래儒衷冠婦丁里來'리 세긴 비편을 발건했다는 글이 보이는데
보우의 '쌍지' 시와 더불어 영지가 상·하지구조였다는 중요한 단서가
되고 있다.

13) 복원 전 연못 내 있던 둑은 동서로 폭이 1.3m, 높이 50㎝의 자연석으로 쌓
은 작은 둑이었다. 이 둑은 보우가 연못을 새로 개축하면서 쌓은 시설로
추정된다. 상지는 불과 3m 내외 폭으로 유입수의 정화, 수면 및 유속 조
절 등 본못(하지)의 투영 효과를 증대시키기 위해 설치한 보조시설로 기존
연못에 둑을 설치해 연못을 2개로 분리시킨 1지 2내분형一池 二內分形 구조
였다.

14) 이 복희암 터는 세향원 터와 거리와 방향에서 구분할 수 있다. 방향으로

볼 때 세향원 터는 기록에 의하면 영지 서편에 있고 복희암 추정 터는 영지 남쪽에 있다. 거리상으로 보면 세향원은 『구당집』에 경내에서 남쪽 수리數里 떨어져 있다고 본 반면 복희암은 「청평사지 '잡록'에 절 남쪽 1리에 있다 하였다. 또 같은 '잡록'에서 엄황의 『춘천읍지』를 인용해 영지도 절 아래 1리에 있다 하여 영지와 복희암을 비슷한 거리로 보고 있다. 현재 청평선방 부근이 복희암이 있던 곳으로 추정된다.

15) 이 부도가 이자현의 부도일 가능성은 희박하다. 그러나 진락공 이자현의 유골이 선동에 있었다는 기록은 남아 있다. 서종화의 『약헌유고』 5권 「청평산기」에 "선동 나한전 아래 골짜기 물가에 석함이 있다. 바깥 면에 팔괘八卦가 새겨져 있고 가운데에 도병陶瓶이 매장되어 있는데 진락공의 유골이 담겨져 있다."고 하였다. 또 『유점사본말사지』 「청평사」 '잡록'에도 "진락공 유골이 담긴 도기가 선동에 있는데 강원도 관찰사인 정두원(鄭斗源, 1581~ ?)이 승려 문옥文玉에게 개장改葬토록 하였다."고 하였다. 이 진락공 유골이 담긴 석함의 행방은 알 수가 없다.

16) 엄황의 『춘천읍지』 「불우佛宇」에 "능인전(대웅전) 아래 마당 동쪽에는 구광전과 사성전이 있는데 구광전은 일월성신日月星辰을 그려서 걸어 놓았으며 사성전에는 유불선도儒佛仙道 사서를 가져다 수장해 놓았다." 하였다. 현재 대웅전 아래 마당 동편에 나한전이 세워져 있는데 이 자리가 사성전 터인지 구광전 터 인지는 확실치 않다. 『약헌유고』에서는 동쪽에 사성전

과 구광전이 있다 했고 『춘천읍지』에서는 동쪽에 구광전과 사성전이 있
다 했다.

17) 이 '문수원기비淸平山文殊院記碑'는 훼손이 심해 마당에 있던 것을 1914년
극락전에 옮겨 보관해오다 극락전 화재로 다시 능인보전 터에 지은 요사
에 보관하였지만 한국전쟁 때 화재로 심하게 파손되었다. 현재 일부 파편
이 동국대박물관에 소장되어 있다. 문수원기문은 『동문선』, 『조선금석총
람』에 실려 있고 『대동금석서大東金石書』 등에 그 탁본이 실려 있다.

18) 이 문수사시징경비淸平山文殊寺施藏經碑는 이제현의 『익재난고』와 『동문
선』 등에 비문 내용이 전하며 『대동금석서』에 비의 탁본이 일부 전한다.

19) 국립문화재연구소 소장(小川敬吉 文化財) 일제강점기 때 '도록자료'에 의하
면 회전문 앞 2단 석축의 배열 형태가 현재와 다르며 1단은 마당 쪽으로
많이 나와 있다. 현재 2단 석단의 너비는 9.5m로 좁은 편이다.

20) 반석하상의 절리를 따라 발달한 하천침식으로 생겨난 폭포로 완만하게
굴절된 암반을 타고 흐르며 마치 용이 누운 듯한 모습이라 하여 다산 정
약용은 '와룡臥龍'이란 명칭을 붙였다. 이 폭포 밑 소沼인 와룡담은 공주
설화에서 공주가 목욕한 곳이라 하여 공주탕이란 애칭으로 불린다.

21) 박장원(朴長遠, 1612~1671)의 본관은 고령高靈이고 자는 중구仲久, 호는 구당 久堂 또는 습천隰川이다. 1658년 강원도 관찰사를 지냈고 그후 이조판서와 공조판서 등을 역임했다. 1649년(인조 27년)부터 1652년(효종34년)까지 춘천 부사를 지내면서 두 차례 청평사를 유람하고 「유청평산기遊淸平山記」와 「중유청평산기重遊淸平山記」를 남겼다. 이 글은 1651년 첫번째 방문 때 지 은 글이다.

22) 이 환적당부도는 방형의 지대석 상부에 16판의 복련을 조각하였으며, 팔 각 중대석에는 각 모서리에 4주를 연결한 주형珠形기둥을 각출하고 각 벽 면에는 4엽의 꽃을 조각하였다. 상대석에는 16판의 앙련을 조각하였으며 탑신 괴임은 없다. 탑신은 둥근형으로 되어 있고 옥개석은 밑면에 한 단 의 낮은 각형받침이 있고 처마부는 널찍한 호형을 이루고 있다. 추녀는 완만하게 완곡한 곡선을 이루며 옥개 낙수면은 8면의 내림마루에 굵직한 우동隅棟을 새겼으며 기와 형태는 표현하지 않았다. 낙수면은 불룩한 형 태이다. 상륜부에는 발각의 복련이 조각된 노반露盤이 있고 그 위에 원추 형의 보주寶珠를 얹었다. 전체 높이는 245㎝이다.

23) 이 설화당부도는 하대석이 팔각이며 윗면에 16판의 복련이 조각되어 있 다. 중대석 역시 팔각으로 각 우주에 3주를 연결한 연주기둥을 뚜렷하게 세우고 각 벽면에는 사각의 테를 두르고 납작한 십자모양의 무늬를 조각 하였다. 상대석은 하대석과 같은 형태이나 하단에 16판의 앙련을 조각하

고 그 위에 둥근형의 탑신을 올려놓았다. 옥개석은 내림마루가 뚜렷하게 각이 져 내리고 기와 형태는 표현되어 있지 않다. 추녀의 선도 완만하며 옥개석 밑면이 약간 불룩하게 되어 있고 보주도 둥근 형태이다. 전체 높이는 247㎝이다.

24) 이 해탈문은 일주문과 같이 기둥 간격이 2.83m이다. 2개의 콘크리트 원주와 이 기둥들의 전·후에 고형孤形의 부축기둥을 세워 그 위에 창방과 평방을 놓고 옥개부屋蓋部를 올린 겹처마에 팔작지붕으로 화려하게 단청을 하였다.

25) 선동구역에는 청평선동 암벽의 '청평선동淸平仙洞' 각자와 시안 옆 '청평식암淸平息庵' 두 개의 암각자가 남아 있다. 김상헌金尙憲의 『청음집淸陰集』 10권 「청평록淸平錄」에 '청평식암淸平息庵' 은 진락공 이자현의 필적으로 전해진다 하였다. 박장원의 『구당집』15권 「유청평산기」에는 선동에는 '청평식암淸平息庵' 과 '선동식암仙洞息庵' 두 암각자가 있는데 자체字體가 서로 같다 하였다. 여기서 '선동식암' 은 '청평식암' 의 오기誤記로 보인다.

26) 이 식암 터에 복원된 적멸보궁寂滅寶宮은 정면 3칸, 측면 1칸의 단층 팔작지붕으로 중앙은 좌우 칸 보다 넓게 하여 2짝 격자문을 달고, 좌우 칸은 홑 격자문을 단 이익공 형식의 건물이다. 공포는 익공 형식으로 초익공은 앙설로 그 위에 연화각蓮花刻을 놓았고 이익공은 수설垂舌로 구성되었다.

옥개부는 겹처마에 5량樑집으로 화려한 단청을 하였다.

27) 정시한의『우담집』에 "식암 아래 모당茅堂이 있고 그 곁에 폭포처럼 흐르는 시내와 반석 그리고 입암이 있다"고 하였다. 「청평사지」에서는 선동암仙洞庵은 식암 서쪽 아래 산록에 있는 청평산 내 8암자 중에 하나라고 하면서 선동입구의 '청평선동淸平仙洞' 각자와 연관시키고 있다.

28) 나한상羅漢像을 모신 전각으로 나한은 부처가 되기 전 단계에 이른 수행자이다. 청평사 경내 대웅전 앞마당 동편에 동일명의 나한전이 2000년도에 세워져 있다.

29) 이 선동의 척번대滌煩臺는 고려 때 석가산石假山 수법이 도입되었다 하여 조경학 분야에서 관심을 일으켰던 잘못 알려진 시설로 산록의 곡면 사면에 자연적으로 발달한 판상절리의 수직 암벽 위에 일부 석축을 보강하여 윗면을 평평하게 다듬은 인공대이다.

참고문헌

고문헌

金得臣(1687), 柏谷集, 民族文化推進會, 古典國譯叢書 104, 1993.

金富軾(1130), 眞樂公重修淸平山文殊院記, 朝鮮總督府, 朝鮮金石總覽 上, 1919.

金尙憲(1861), 淸陰集, 民族文化推進委員會, 韓國文集叢刊 77, 1991.

金時習(1602), 梅月堂集, 民族文化推進委員會, 韓國文集叢刊 13, 1989.

金益熙(1708), 滄洲遺稿, 民族文化推進委員會, 韓國文集叢刊 119, 1993.

金正浩(1834), 靑邱圖(乾), 民族文化推進會, 古典國譯叢書 47, 1971.

金昌協(1754), 農巖集, 民族文化推進委員會, 韓國文集叢刊 162, 1996.

金坦月 編(1942), 楡岾寺本末寺誌, 韓國學文獻硏究所 編, 亞細亞文化社, 1977.

金孝印(1224), 寶鏡寺圓眞國師碑, 朝鮮總督府, 朝鮮金石總覽 上.

具思孟(1632), 八谷集, 民族文化推進委員會, 韓國文集叢刊, 1990.

朴長遠(1730), 久堂集, 民族文化推進委員會, 韓國文集叢刊 121, 1994.

普雨(1573), 虛應堂集, 普雨思想硏究會, 虛應堂普雨硏究, 佛舍利塔, 1993.

서울대학교 奎章閣(1995), 朝鮮時代 地方地圖, 조은인쇄문화사, 53.

徐宗華(1861), 藥軒遺稿, 서울대학교 奎章閣 古 3428 783 00.

成海應(1909), 東國名山記, 日韓書房.

宋枏壽(1622), 海東山川錄, 恩津宋氏松潭公宗中, 1995.

嚴愰(1897), 春川邑誌, 韓國學中央硏究院 藏書閣 귀 K2-4319.

輿地圖書(1757~1765), 國史編纂委員會, 1973.

李箕洪(1887), 直齋集, 民族文化推進委員會, 韓國文集叢刊 149, 1995.

李萬敷(1813), 息山集, 民族文化推進委員會, 韓國文集叢刊 179, 1996.

李世白(1712), 雩沙集, 民族文化推進委員會, 韓國文集叢刊 146, 1995.

李仁老(1695), 破閑集, 成均館大學校, 大東文化硏究院, 高麗名賢集 2, p.91, 1973.

李春元(1656), 九?集, 民族文化推進委員會, 韓國文集叢刊 79, 1991.

林椿(1713), 西河集, 民族文化推進委員會, 韓國文集叢刊 1, 1990.

張維(1643), 谿谷集, 民族文化推進委員會, 韓國文集叢刊 92, 1992.

丁時翰(1937), 愚潭集, 民族文化推進委員會, 韓國文集叢刊 126, 1994.

丁若鏞(1936), 茶山詩文集, 民族文化推進委員會, 1994.

鄭麟趾 等(1454), 高麗史, 亞細亞文化社, 1972.

趙寅永(1868), 雲石遺稿, 民族文化推進委員會, 韓國文集叢刊 299, 2002.

春川邑誌(純祖[1790~1834]), 서울대학교 奎章閣 17525, 江原道邑誌 5, 1997.

海源(1751), 喚惺和尙行狀, 涵虛大師 · 喚聲大師文集, 韓國文集編纂委員會, 韓國歷代文集
叢書 202, 景仁文化社, 1988.

許穆(1689), 記言集, 民族文化推進委員會, 韓國文集叢刊 98, 1992.

洪啓禧(1703~1771), 有明朝鮮國喚惺大師碑銘, 韓國學文獻硏究所 編, 亞細亞文化社, 1980.

洪暹(1712), 忍齋集, 民族文化推進委員會, 韓國文集叢刊 32, 1990.

국역문헌

민족문화추진위원회, 『국역 동문선』64권, 경인문화사, 1977.

세종대왕기념사업회, 『매월당집 1』, 광명인쇄공사, 1977.

신대현, 『산중일기』, 도서출판 혜안, 2005.

이창희 역, 『청구풍아』, 김종직 찬, 도서출판 다운샘, 2002.

춘천시, 오강원, 임민혁, 김학수 역주, 『춘천지리지』(Ⅰ,Ⅱ), 강원도민일보사 출판국, 1997.

단행본

강원도, 『강원도문화재대관』, 도지정편Ⅱ, 강원일보사, 2006.

국립문화재연구소, 『한국의 고건축』(한국건축사연구자료 20호), 삼정인쇄공사, 1998.

김복순, 김두진, 김용선, 김남윤, 신종원, 『강원불교사연구』, 도서출판 소화, 1996.

김홍삼 외, 『강원도 인문학 기초자료 조사 연구』, 북스힐, 2005.

김형우, 『고승 진영』, 대원사, 1996.

민경현, 『한국 정원문화 -의장 및 기법론』, 예경산업사, 1991.

보우사상연구회 편, 『허응당보우대사연구』, 도서출판 불사리탑, 1993.

杉山信三, 韓國の 中世建築, 相模書房, 1984.

심경호, 『다산과 춘천』, 강원대학교 출판부, 1996.

손경석, 『한국의 산천』, 교양국사총서 18, 세종대왕기념사업회, 2000.

안장리, 『한국의 팔경문학』, 집문당, 2002.

안휘준, 『한국회화의 전통』, 문예출판사, 1989.

정재훈, 『한국 전통의 원』, 도서출판 조경, 1996.

조선총독부, 『조선고적도보 12』, 대총교예사, 1932.

조선총독부, 朝鮮五萬分一地形圖(春川一號), 陸地測量部.

한글학회, 『한국 지명 총람 2』(강원편), 평화당인쇄주식회사, 1967.

한국정신문화연구원, 『한국민족문화대백과사전』, 삼화인쇄주식회사, 1994.

논문

강영조, 김영란, 「한국팔경의 형식과 입지특성에 관한 연구」, 『한국정원학회지』, 9(2):29-34, 1991.

김호연, 「이자현의 사상」, 『한국정원학회지』, 1(1):75-76, 1982.

민경현, 우경국, 「문수원 정원의 구성과 그 특징」, 『한국정원학회지』, 1(1):85-92, 1982.

신종원, 「청평사 영지 옆 명문암석」, 『강원 사학』 제 5집, 강원대학교, 1989.

박영기, 「허응당 보우 연구」, 『동국대학교 대학원 박사학위논문』, 동국대학교, 1998.

윤국병, 「문수원의 시대적 배경」, 『한국정원학회지』, 1(1):77-83, 1982.

심우경, 강훈, 「한국 고대사찰에 있어서 영지의 상징적 의미와 수경적 가치」, 『한국정원학회지』, 7(1):81, 1989.

윤국병, 「문수원의 시대적 배경」, 『한국정원학회지』, 1(1):77-83, 1982.

윤영활, 김홍삼, 한재오, 「청평사 선원의 고문헌적 고증 연구(1)」, 『한국전통조경학회지』, 23(3):1-12, 2005.

윤영활, 김홍삼, 한재오, 「청평사 선원의 고문헌적 고증 연구(2)」, 『한국전통조경학회지』, 23(4):57, 2005.

윤영활, 「청평사 원림의 경처와 경관해석에 관한 연구」, 『한국전통조경학회지』, 24(3):1-13, 2006.

윤영활, 「청평사의 팔경과 경관특성」, 『춘주문화』 제21호:148-163, 2006.

윤영활, 「청평사 복원을 위한 종합적 고찰」, 『한국전통조경학회지』, 25(2):1-10, 2007.

조용현, 「이자현의 능엄선 연구」, 『한국종교학회』, 종교연구 12::146-152, 1996.

홍성익, 「춘천 청평사 가람배치의 종합적 검토」, 『강원대학교 사학회』, 19·20:24-37, 2004.

보고서

이상필, 「춘천 청평사지 정비 및 영지 발굴조사」, 문화재 12호:55-79, 1985.

이우철, 백원기, 박완근, 「강원도 특산 자원식물의 고소득화 기술개발」, 강원대학교, 1997.

조유전, 장헌덕, 「청평사 영지 및 능인전 발굴조사」, 문화재20호:112-136, 1987.

춘성군, 「춘성의 맥, 내고장 전통 가꾸기」, 춘성군 문화공보실, 1981.

춘성군, 「청평사 실측조사 보고서」, 강원대학교 산업기술연구소, 1984.

춘천시, 「청평사 회전문 수리실측보고서」, 2002.

춘천시, 「청평사 선원의 학술조사 보고서」, 2005.

환경부: 「토지피복분류도」, http://egis/ihtro.asp, 2009.

청평사

초판 1쇄 인쇄 2009년 2월 3일
초판 1쇄 발행 2009년 2월 11일

글 · 사진 | 윤영활

발 행 인   장세우
편   집   황병욱
총   무   김인태, 정문철, 김영원
영   업   상승일

발 행 처   주식회사 대원사
          우편번호 140-901
          서울 용산구 후암동 358-17
          전화번호 (02) 757-6717~9
          팩시밀리 (02) 775-8043
          등록번호 제3-191호

http://www.daewonsa.co.kr

이 책에 실린 글과 사진은 저자와 주식회사 대원사의
서면 동의가 없이는 아무도 이용하실 수 없습니다.

잘못 만들어진 책은 바꾸어 드립니다.

값 8,500원

Daewonsa Publishing Co., Ltd.
Printed in Korea 2008

ISBN 978-89-369-0274-2   04220